M. QUESTEL, s. j.

UN APOTRE DE LA BRETAGNE

Le Vénérable

Père Julien Maunoir

de la Compagnie de Jésus

1606-1683

« Le plus grand contentement de
Dieu, et son plus grand amour. »
(Devise du P. Maunoir).

Société LA BRETAGNE
74, Rue de Sèvres, PARIS (VIIe)

DÉPOT : M. QUESTEL, 74, Rue de Sèvres, PARIS (VIIe)
Prix : 3 fr. 50

UN APOTRE DE LA BRETAGNE

Le Vénérable Père Julien MAUNOIR

M. QUESTEL, s. j.

UN APOTRE DE LA BRETAGNE

Le Vénérable

Père Julien Maunoir

de la Compagnie de Jésus

1606-1683

« Le plus grand contentement de
Dieu, et son plus grand amour. »
(Devise du P. Maunoir).

Société LA BRETAGNE

74, Rue de Sèvres, PARIS (VIIe)

LE R. P. JULIEN MAUNOIR

de la compagnie de Jésus

DÉCLARATION

Nous déclarons, pour nous conformer aux décrets d'Urbain VIII, concernant la canonisation des saints, et la béatification des bienheureux, que nous ne prétendons donner à aucun des faits ou des mots contenus dans cet ouvrage, plus d'autorité que ne lui en donne ou en donnera l'Eglise Catholique, à laquelle nous nous faisons gloire d'être humblement et tendrement soumis.

PRÉFACE

En 1714, trente prêtres des diocèses de Cornouailles, de Tréguier et de Saint-Brieuc, écrivaient et signaient la déposition qu'on lira ci-dessous, pour témoigner publiquement de la sainteté du P. Julien Maunoir, et des prodigieux miracles opérés par son intercession. Ils l'ont connu particulièrement, ils ont vécu dans son intimité, ayant tous été missionnaires sous ses ordres pendant plusieurs années. Ils sont tous distingués par leurs mérites ou leur position, et d'un âge fort avancé. Ils demandent que l'Eglise accorde au Père les honneurs des autels.

Voici la déposition :

DÉPOSITION (1)

Si le témoignage des enfants est recevable en faveur de leur père, le public souffrira que nous donnions unanimement au R. P. Julien Maunoir, de la Compagnie de Jésus, cette marque de notre profond respect et de notre parfaite reconnaissance ; il nous a aimés comme ses enfants, il nous a élevés avec tendresse, il nous a formés avec soin : ses discours et ses exemples ont été pour nous des leçons que nous n'oublierons jamais : sa mémoire nous est aussi présente et aussi chère, trente-un ans après sa mort, que s'il ne venait que de disparaître à nos yeux. Qui pourrait

---

(1) *Recueil des vertus et des miracles du P. Maunoir*, p. le P. Le Roux, p. 73.

exprimer les vertus admirables que nous lui avons vu pratiquer ? Nous en avons lu le recueil que l'on met en lumière ; nous n'y trouvons rien que de très-véritable, et, s'il nous était permis d'y ajouter quelque chose, nous pourrions citer des circonstances particulières où chacune de ses vertus a éclaté. Quelle pureté de doctrine ne nous enseignait-il pas dans ses conférences ? quelle ferveur ne nous inspirait-il pas dans ses entretiens pleins de piété et de zèle ? quelle droiture ne faisait-il point paraître dans toute sa conduite ? Rien ne le rebutait, quand il s'agissait de la gloire de Dieu et du salut du prochain : les fatigues de quarante-deux ans de missions ; les contradictions, la grossièreté des pauvres gens, la rigueur des saisons, l'assiduité au confessionnal, les veilles, la mauvaise nourriture, le travail continuel lui paraissaient non seulement tolérables, mais encore aimables, quand il pensait combien les âmes avaient coûté à Jésus-Christ. Que de motifs pressants sa charité ne lui suggérait-elle pas pour nous encourager à procurer le salut des âmes ? Nous avons tous travaillé avec lui dans les missions : il nous est glorieux et avantageux d'avoir fait notre apprentissage sous un chef si zélé et si expérimenté ; et nous nous trouvons heureux de lui avoir survécu si longtemps, pour donner à tout le monde cette marque de la vénération que nous conservons pour ce grand serviteur de Dieu : nous l'avons toujours trouvé d'une humeur égale et sans altération dans les bons et les mauvais succès ; la prospérité ne l'élevait point, et les contradictions ne lui faisaient point perdre courage ; il était humble, sage, édifiant, mortifié, pauvre, simple, toujours prêt à secourir son prochain, à rendre service à ses ennemis et à tout entreprendre pour gagner des âmes à Dieu ; ferme dans l'exécution de ses desseins et plein de confiance dans le bras du Tout-Puissant, qui le soutenait. Toutes ces vertus étaient éminentes dans lui, et il en avait pratiqué plusieurs actes héroïques dans le cours de sa vie,

*qui a été terminée par une mort précieuse devant Dieu,
qui continue de faire des prodiges par son intercession :
nous attendons, pour le révérer comme un saint, que le
souverain Pontife le déclare tel, et permette de lui rendre
les honneurs que nous croyons être dus à ses mérites. C'est
la pure vérité et la justice qui nous obligent de faire cette
déclaration authentique, que nous avons signée dès que
nous avons appris que l'on avait dessein de chercher des
preuves de ses vertus éminentes, dont nous avons été tous
témoins, ayant souvent travaillé en mission sous sa conduite. Fait l'an 1714.*

Guillaume Caro, vic.-gén. de Cornouailles,
François Le Tallec, seigneur de Styffel,
Allain Dagorn, recteur de Plussulien,
Allain Ligavan, recteur de Plougoff,
Nicolas Rolland, recteur de Landudec,
Jean Plounevé, de Plévin,
Jacques Haouël, de Quimper,
Jacques Kerfridin, de Plouzevet, (aujourd'hui Plozevet),
H. Le Bourbon, de Pouldrezic, (aujourd'hui Pouldreusic),
Allain Le Pavec, de Canivel,
Yves Bauguion, de Châteaulin,
François Le Joudec, de St-Nicodème,
Jacques Citol, de Plouyé,
Louis Le Gal, de Bothoa,
Jacques Stenou, de Maël,

Guillaume Clec'h, recteur de Pédernec,
Louis Daniel, recteur de Guenezan,
Al. Crolbo, recteur de Berc'het, (aujourd'hui Berhet),
Jean Jeffroy, recteur de Ploulec'h,
Jean Mevel, recteur de Tredrez,
Pierre Fercoq, recteur de St-Vincent,
Jean Francés, recteur de Gomenec'h, (auj. Gommenech),
François Calaix, recteur de Botsorc'hel. (auj. Botsorhel),

de l'Evêché de Cornouailles.

de l'Ev. de Tréguier.

Jean Leuduger, scolastique et chanoine de St-Brieuc,
Jacq Lesné, recteur de St-Martin, à Lamballe,
François Guérin, recteur de Dolo,
Jacques Gicque, vic. perpétuel de Plérest,
Claude L'hostélier, recteur de St-Alban,
Guillaume de Guise, recteur de Pludual,
Olivier Le Quiniat, de Plouha.

À la même date, 1714, d'illustres évêques firent entendre près du Saint-Siège de solennelles supplications pour la même cause.

Si la réponse tant désirée n'est pas encore venue de Rome, la faute principale en est à des événements politiques et politico-religieux qui ont bouleversé tout l'univers, et particulièrement la France. Chacun les connaît.

Cependant un premier résultat heureux a été obtenu : le P. Julien Maunoir a été déclaré Vénérable, en 1875, par Pie IX. Nous croyons savoir, d'autre part, que l'affaire est en bonne voie. Nous voudrions en accélérer le mouvement, et hâter le dénouement, qui est attendu avec impatience par toute la population de la Basse-Bretagne, depuis deux cents ans et plus. C'est le but unique de cette modeste brochure : vulgariser la vie du P. Maunoir, dans le salon des riches aussi bien que sous le chaume ; au presbytère, au couvent non moins que dans la ferme ; faire prier partout pour que nous ayions notre saint Breton bretonnant.

Les Cévennes ont leur Saint Jean-François Régis, la Vendée a son bienheureux Grignon de Montfort ; il faut que la Bretagne ait son saint Julien Maunoir.

LE VÉNÉRABLE P. JULIEN MAUNOIR

I

Etat de la Bretagne et de la France au commencement du XVIIe siècle. — Naissance du P. Maunoir. — Son Enfance. — Sa Piété et son Zèle précoces. — Son Education.

Dieu ne permet jamais que des maux véritables entrent dans le monde, sans qu'il n'en donne en même temps des remèdes. C'est l'histoire de toute l'humanité.

Au commencement du XVIIe siècle, après les longues guerres de religion, notre Basse-Bretagne était tombée dans une lamentable corruption de mœurs, et dans une ignorance extrême des choses de Dieu. Le mal semblait devenir si grand, qu'il ne pouvait plus être guéri par aucun secours humain. Dans des paroisses très populeuses, à peine se trouvait-il cinq ou six personnes qui sussent les premiers éléments de la doctrine chrétienne et qui connussent un seul Dieu et un Sauveur.

« La violence régnait partout ; l'instruction

manquait absolument à la jeunesse ; le premier élément de l'éducation, l'exemple, ne pouvait enseigner que des habitudes violentes et grossières. En Bretagne surtout, l'ivrognerie dominait dans toutes les classes de la société, et ouvrait la porte à tous les vices. Le clergé lui-même avait grand besoin de réforme sous le rapport de l'instruction et du zèle. » (1)

Une parole du curé d'Ars, qui me revient, est toute vérité :

« Après Dieu, le prêtre, c'est tout ! Laissez une paroisse vingt ans sans prêtre, on y adorera les bêtes ! » (2)

Cette décadence effroyable n'était pas particulière à la Bretagne ; elle s'étendait à presque toute la France. Peut-on en douter, quand on songe que ces sanglantes guerres de religion ont duré plus de 50 ans ! Joignez-y beaucoup d'autres désordres répandus dans toutes les classes de la société du haut en bas (3).

Pour s'en convaincre, il suffit de lire les auteurs qui ont étudié cette époque : « vers le milieu du XVIe siècle, l'hérésie de Calvin, comme un torrent impétueux qui a rompu toutes ses digues, après avoir inondé presque toute la France, se répandit avec violence dans le Vivaray, et y fit en peu de

---

(1) *Le R. P. Maunoir*, par Edm. M. P. du V., p. 2.

(2) *Le Curé d'Ars*, par le P. Alfred Monnin, t. II, p. 445.

(3) Voir la *Vie de Monsieur Le Nobletz*, par Antoine de St-André, 1re édition écrite pour la Bretagne en 1666.

temps d'étranges ravages. Ce malheureux pays devint bientôt le théâtre des plus sanglantes révolutions : les monastères furent brûlés ou abattus, les églises détruites ou profanées, les autels renversés, les prêtres qui offraient Jésus-Christ immolé sur les autels, immolés eux-mêmes à la rage des calvinistes et cruellement massacrés. On ne se contenta pas d'exercer sur les ouailles une inhumanité sans exemple : Eucher de Saint-Vital, évêque de Viviers, fut chassé et obligé de se retirer à Avignon. » (1)

« Comme la corruption de la foi entraîne toujours celle des mœurs, écrit encore le même auteur, p. 70, l'erreur introduisit dans le Vivaray les vices les plus abominables, qui, par une funeste contagion, se communiquèrent bientôt aux catholiques. Les catholiques comme les hérétiques étaient abandonnés à la crapule et aux débauches les plus infâmes. Ce débordement de mœurs fut suivi de la profanation des choses les plus saintes. Les ministres du Seigneur qui auraient dû remédier au mal le fomentaient par une vie libertine ; quelques-uns même enchérissaient sur les désordres du peuple. Les églises étaient dépourvues de pasteurs, ou desservies, la plupart, par des curés ignorants et scandaleux. L'ignorance de la loi de Dieu était universelle. »

---

(1) *Vie du B. Jean-François Régis*, par le R. P. Daubenton, édit. de 1717, p. 68.

« L'hérésie avait tellement perverti les mœurs, que les catholiques, à quelques cérémonies près, ne différaient en rien des calvinistes. Les enfants n'avaient nulle connaissance des mystères de la foi. Les pères n'en étaient guère mieux instruits. Presque tous vivaient dans une honteuse ignorance et dans un affreux libertinage » (1). La décadence religieuse s'étendait donc à presque toute la France.

Il y avait cette différence, qui est à l'avantage de la Bretagne, que les Huguenots n'inspiraient à nul autre autant d'horreur qu'au Breton.

Dieu fut touché des misères de notre « Petite Patrie ». Il n'oublia pas les exemples de foi et de vertu qu'elle avait donnés au monde. Il entendit les prières de ses premiers évangélisateurs qui intercédaient pour elle. Il suscita un nouvel apôtre, un missionnaire si admirable que « depuis saint Vincent Ferrier, nul ouvrier évangélique n'a travaillé au salut de la Bretagne avec autant de succès que le Père Maunoir », a dit Mgr Baltasar Grangier, évêque de Tréguier.

Julien Maunoir naquit le 1er Octobre 1606, dans le diocèse de Rennes, à Saint-Georges-de-Reintembault, entre Fougères et Pontorson. Ses parents n'étaient pas riches ; ils n'avaient pour vivre d'autres ressources qu'un maigre petit commerce. Cependant ils trouvaient encore le

____

(1) *Histoire de S. Jean-François Régis*, par Daurignac, p. 54.

moyen de prélever sur leurs bénéfices de larges
aumônes pour les pauvres : leur charité était
même proverbiale.

Julien Maunoir fut baptisé, selon l'usage chrétien, le jour même de sa naissance, et eut pour
parrain Dom Julien Jamet, vénérable prêtre de la
contrée ; et pour marraine Mathurine Cador. Son
père et sa mère le vouèrent aussitôt au service
des autels, et Dieu ne tarda pas à montrer qu'il
agréait ce généreux sacrifice.

En effet, au fur et à mesure que l'enfant gran-
dissait, il laissait voir des signes plus manifestes
de sa mission apostolique. On l'apercevait souvent, surtout le jeudi, courir pieds nus de maison
en maison, rassembler sur la place des petits
compagnons, les mettre sur deux rangs, et organiser une véritable procession à travers le bourg
jusqu'à la croix dite du Lac. Là, le petit Julien
faisait agenouiller tout son monde, leur prêchait,
récitait quelques prières et entonnait un cantique.
Les enfants répétaient gravement après lui.
Quelquefois c'était à l'église qu'il conduisait sa
troupe. Il montait alors en chaire, récitait à haute
voix l'oraison dominicale, la salutation angélique,
le symbole des apôtres (1). Ses auditeurs lui
obéissaient comme à un vrai chef. On devinait le
futur prédicateur et l'organisateur des grandes

____

(1) Voir *Histoire du P. Maunoir*, par le P. Séjourné,
passim.

---

(1) C'est dans cette église que fut baptisé le P. Maunoir en 1606. Elle a été démolie de 1870 à 1873.

missions bretonnes. « Que sera cet enfant », se demandait-on ? (*St Luc*, I. 66).

Nous regrettons que ses biographes ne nous aient pas transmis plus de détails sur sa petite enfance. Nous savons cependant qu'il fit sa première communion de très bonne heure, avant l'âge de 9 ans ; qu'il avait un grand attrait pour les divins offices, particulièrement pour la sainte messe, à laquelle il assistait quotidiennement, dès ses plus tendres années. Devant de telles marques de piété solide, ses parents, gens pleins de foi, eurent l'intuition qu'il était marqué par Dieu lui-même pour l'auguste ministère du sacerdoce. Ils ne pensèrent plus désormais qu'à aider la grâce, et qu'à faire éclore dans son âme ces germes divins de vocation. Leurs exemples autant que leurs sollicitudes continuelles y contribuèrent grandement. Lisez bien cela, et instruisez-vous, pères et mères chrétiens !

A l'âge de 14 ans, le jeune Julien Maunoir fut envoyé à Rennes, au collège des Jésuites. Comme il avait été fortement initié aux premiers éléments de la langue latine par M. le Recteur de Saint-Georges-de-Reintembault, il entra dans la classe de quatrième.

Le collège des Jésuites à Rennes (1) comptait, à ce moment, environ quinze cents étudiants,

____

(1) L'église paroissiale actuelle de Toussaint était la chapelle de ce collège.

accourus de toutes les parties de la Bretagne, partagés en des classes où le chiffre des élèves variait de 150 à 200, et même à 350.

Grâce à de rares qualités, parmi lesquelles brillait une maturité précoce, notre jeune collégien se concilia l'estime de ses maîtres, et acquit vite sur ses condisciples un ascendant considérable. Il fut admis aussitôt dans la congrégation de la Sainte Vierge, et commença à exercer autour de lui un véritable apostolat par sa douce influence. L'aménité de son caractère et le prestige qui l'entourait rendaient efficaces ses bons conseils : Il persuadait aux uns de brûler les mauvais livres tombés entre leurs mains ; il arrachait les autres aux compagnies dangereuses ; il prévenait ceux-ci contre l'excès de la boisson ; modérait dans ceux-là la passion du jeu : Se doutait-il que par son action près de ces jeunes Bretons venus de tous les points de la province il commençait sa mission d'évangélisateur de la Bretagne ?

Quand il faisait sa philosophie, il n'était bruit que de l'héroïsme des martyrs du Japon, des progrès de la religion en Chine, et de l'Eglise naissante du Canada.

« Et pour une si magnifique moisson, lui dit un jour son confesseur, probablement le P. Jean Porée, un si petit nombre d'ouvriers ! Que d'âmes, faute d'apôtres pour les instruire, périssent tous les jours ! »

— « Mon père, répond le jeune Maunoir, faites de moi un Jésuite, et je vole au secours des infidèles. »

Il s'ouvrit de son projet au R. P. Provincial qui était, à ce moment-là, le R. P. Coton. Celui-ci l'embrasse avec tendresse, lui déclare qu'il le reçoit dans la Compagnie, et qu'il peut, dès qu'il lui plaira, se rendre à Paris, au noviciat de St-Germain.

II

Noviciat du F. Maunoir. — Sa Philosophie a La Flèche. — Son Plan de Conduite. — Son Amour de la Souffrance. — Le F. Maunoir Professeur de Cinquième a Quimper.

Le jeune Julien Maunoir fut admis au noviciat des Jésuites à St-Germain, le 16 septembre 1625. Il allait entrer dans sa 19e année. Désormais il s'appellera Frère jusqu'à sa prêtrise, c'est-à-dire pendant 12 ans de formation. Dans cette paisible maison, autre Nazareth, tout lui plaît, tout le ravit, les murailles elles-mêmes. « Vraiment, dit-il, j'avais bien raison de me croire à la porte du ciel, lorsque je sonnais à celle du noviciat ; car entre la vie des bienheureux et la nôtre où est la différence ? Adorer et louer Dieu, faire sa volonté, le bénir, et le louer de tout cœur, voilà leur occupation constante. En avons-nous une autre ? En vérité, si dans chaque maison religieuse, la vie ressemble à la nôtre, si Dieu, comme ici, fait partout goûter les mêmes joies, c'est à bon droit que la religion se nomme un paradis terrestre ! » Il était arrivé à cette douce béatitude par la résolution qu'il avait prise de chercher Dieu dans chacune de ses actions, et de ne le perdre jamais de vue : « Comme Dieu pense toujours à moi, écrivait-il, je penserai toujours à Lui. Autant que le permet ma fragilité, mon oraison sera continuelle. Si je dois perdre un instant la présence de Dieu, ce sera malgré moi. » Grâce à cette sainte habitude, il s'éleva bien vite à un haut degré de vertu, et il réalisa toute la perfection d'un novice.

Quand il eut terminé ses deux années de noviciat, il prononça ses premiers vœux. Il fut ensuite envoyé au collège de La Flèche, où il arriva en septembre 1627, pour s'y livrer à l'étude de la philosophie, pendant trois ans.

Au début de la nouvelle carrière qui s'ouvrait devant lui, il se traça, avec son jugement droit, un beau plan de conduite qu'il conservera toujours, avec la ténacité de sa race :

« J'ai une double fin à me proposer, écrit-il, ma propre sanctification et celle du prochain. Je n'étudierai donc que pour me sanctifier moi-même, et me rendre capable, un jour, de sanctifier les autres. Unir la science à la sainteté, est difficile, mais pour un Jésuite, indispensable. Je m'appliquerai donc de telle sorte à devenir savant, que cela ne m'empêche pas d'être un saint. Je travaillerai de telle sorte à me sanctifier, que cela ne m'empêche pas d'être un savant. Pour que mes études me sanctifient, je sanctifierai mes études. Comme je vais à l'oraison au son de la cloche pour obéir à la voix de Dieu, je n'irai en classe au son de la cloche que pour faire la volonté de Dieu. En priant, j'éloignerai toute pensée d'étude. Mais en étudiant, je n'écarterai pas toute pensée de Dieu, au contraire, et selon ma règle, je recourrai souvent à la prière, afin d'obtenir le succès dans mes études.... Si mes supérieurs m'appliquent, en dehors des temps consacrés à l'étude, à d'autres occupations je m'y livrerai de tout cœur, comme si je ne devais jamais étudier. Mais une fois à l'étude, j'étudierai comme si je ne devais jamais faire autre chose... Dieu veut que je sois saint et savant, j'emploierai donc fidèlement le temps destiné à la prière comme à l'étude. Je ne négligerai aucun des moyens que m'offre la Compagnie pour acquérir la science et la sainteté... » (1)

Appuyé sur des règles si sûres, le Frère Maunoir brilla à La Flèche par la vive pénétration de son esprit, et par une solidité de vertu extraordinaire. Tous les professeurs constataient avec admiration les progrès de cette belle intelligence.

____

(1) *Vie du P. Julien Maunoir*, par le P. Boschet, p. 15.

Aucune difficulté ne l'arrêtait, dit le P. Boschet, et les choses les plus abstraites lui étaient aussi familières que les plus simples. Aussi termina-t-il ses trois ans de philosophie par une thèse brillamment soutenue, au milieu des applaudissements unanimes.

Mais dans les cœurs des jeunes étudiants de La Flèche, outre l'amour de l'étude, bouillonnaient des désirs immenses d'apostolat au milieu des nations infidèles et sauvages, car de toutes les parties du monde leur arrivaient des lettres merveilleuses, qui racontaient les hauts faits de leurs frères en religion : du Japon, où le sang des Jésuites coulait toujours ; de Hollande et d'Angleterre, où les Pères étaient traqués comme des bêtes fauves ; de Chine, du Paraguay et du Canada, où se cueillaient d'abondantes moissons d'âmes. A la lecture de ces récits, les plus magnifiques ambitions se faisaient jour. C'est parmi les Iroquois et les Hurons du Canada, que notre héros marqua nettement sa place, quand l'heure de Dieu serait venue.

On lit dans son journal, à la fin de sa 3ᵉ année de philosophie : « Une voix intérieure me fit comprendre en quelle haute estime je dois tenir ma vocation, qui m'emploie à coopérer avec J.-C. à la conversion et au salut des hommes. Cette voix intérieure m'affermit merveilleusement dans la résolution de suivre partout N. S. à la con-

,quête des âmes, d'essuyer les plus grandes fatigues, de m'exposer aux plus grands dangers, aux naufrages, au gibet, à la roue, aux genres de mort les plus effroyables ; car mon Dieu est ma force... Je me propose, avec la grâce de Dieu, de vivre avec une aussi grande pureté que si je n'avais pas de corps, et comme si j'étais dans une région voisine du ciel, où il n'y eût que Dieu et moi, et où il n'y vînt nulle pensée des choses créées, où souffrir sans cesse pour Dieu, et être toujours abîmé dans la contemplation de ses grandeurs, tînt lieu de boire et de manger. Oui, je voudrais endurer pour glorifier Dieu tous les tourments de l'enfer, hors la privation de l'amour divin ; et j'aimerais beaucoup le feu du purgatoire, parcequ'il fait beaucoup souffrir, et qu'il n'empêche pas d'aimer Diéu. » (1)

De fait, l'amour que Notre Seigneur avait pour les souffrances inspirait au F. Maunoir une ardeur et une passion de souffrir que rien ne pouvait satisfaire. Parfaitement mort à lui-même, il traitait son corps comme un instrument dont il ne pouvait se passer, mais en même temps comme un ennemi domestique, ne lui donnant que ce dont il ne pouvait se passer. Il mangeait seulement parcequ'il fallait vivre. Il préférait une grossière galette de blé noir aux mets les plus exquis. Il ne dormait que parce qu'il fallait dormir ;

---

(1) *Le R. P. J. Maunoir*, par Edm. M. P. du V., p. 16.

et lorsqu'un bon lit le mettait en danger de dormir plus longtemps qu'il ne le voulait, il jetait entre les draps une poignée de blé noir, afin que ce grain inégal et piquant le réveillât. Comme on le prit, un jour, sur le fait, il dit en riant : « Je monte mon réveil-matin ».

Il appelait le temps de ses maladies, son meilleur temps.

On devine sans peine, qu'un homme si plein d'amour pour la croix ne manquait pas d'affliger sa chair innocente au moyen de tous les tourments familiers aux saints : ceinture de fer, discipline, cilice, haire, etc. ; rien ne pouvait assouvir son amour pour la souffrance, afin de pouvoir sauver beaucoup de Hurons et d'Iroquois, plus tard.

En attendant, la Providence diposait autrement, et l'envoyait à Quimper, aussitôt après son cours de philosophie. Il y arriva à la fin de septembre 1630, comme professeur de 5e.

Il serait difficile de trouver quelqu'un animé d'un plus grand désir d'apostolat que lui, depuis sa petite enfance à St-Georges-de-Reintembault jusqu'à sa mort à Plévin, après une vie de 77 ans. C'est surtout à partir de la date où nous sommes qu'il est dévoré de ce sentiment. Il commença son professorat en donnant à ses élèves une méthode de travail, et aussi en leur apprenant à sanctifier tous les exercices de la classe, et à se faire un mérite devant Dieu des plus petites exigences de la vie du collège. Il leur dicta un ordre du jour qui devait être gardé exactement. Il entendait bien faire de l'enseignement un apostolat. Il y réussit pleinement, car « sa classe fut une cause d'émulation pour le collège entier, dit le P. Boschet ».

Le P. Bernard, qui remplissait au collège de Quimper la charge de ministre, et qui depuis long-temps priait Dieu d'envoyer un apôtre destiné au salut de la Basse-Bretagne, devina, plus que les autres, les trésors cachés dans le cœur du F. Maunoir. Sans attendre davantage, il lui conseilla d'apprendre la langue bretonne, « car, ajoutait-il, Dom Michel Le Nobletz est un homme puissant en œuvres et en paroles. Mais peut-il tout faire ? Épuisé avant l'âge, il est à craindre qu'il ne succombe bientôt ».

III

Michel Le Nobletz dépensait sa santé à évangéliser la Bretagne. Depuis de longues années, il priait le Ciel de lui préparer un successeur. Il eut, à différentes reprises, la révélation qu'il était exaucé. Il annonça cette bonne nouvelle, du haut de la chaire, en plusieurs circonstances : « Remercions Dieu, disait-il à Douarnenez, en 1613, de ce qu'il m'a donné un successeur. Il a sept ans ; il est du diocèse de Rennes, et sera Jésuite ».

Une nuit de novembre 1630, qu'il priait Dieu à Douarnenez avec plus de ferveur que jamais de lui envoyer le successeur promis, il entendit une voix distincte qui lui disait : « Allez à Quimper, au collège de la compagnie de Jésus. Vous y verrez celui que Dieu vous donne pour votre fils, celui-là même qu'il a choisi pour être un jour votre héritier dans les missions de la Basse-Bretagne. Il est le plus jeune de tous. » (1) Le cœur débordant de joie, Michel Le Nobletz prend la route de Quimper dès la pointe du jour ; il demande et voit le professeur de 5e. L'entrevue fut très courte, mais elle remua profondément le Frère Maunoir. Celui-ci, à quelques jours de là, fit le pèlerinage à la chapelle de Ty-Mam-Doué près de Quimper, et entre autres prières dit celle-ci à la Sainte Vierge : « Ma bonne Maîtresse, si vous daigniez m'apprendre vous-même le Breton, je le saurais avant peu, et je serais bientôt en état de vous gagner des serviteurs. »

Le jour de la Pentecôte, il obtenait du R. P. Barthélemy Jacquinot, alors provincial de France, la permission d'étudier la langue bretonne, l'une des plus difficiles du monde. Il se mit aussitôt au travail. « Le Ciel se montra, dit-il, si favorable à mes premiers efforts, que, soutenu par la puissance et la bonté de Dieu, je pus, *le Mardi suivant*, faire le catéchisme au peuple. Six semaines plus tard, je commençais à prêcher, sans avoir besoin d'écrire un seul mot, grâce que Dieu m'a conservée jusqu'à ce jour. » (2) Quiconque connait les grandes irrégularités de cette langue

---

(1) *Histoire du P. Maunoir*, par le P. Séjourné, t. I, p. 36.
(2) *Journal latin des missions*, par le P. Maunoir.

Itron-Varia Ty-Mam-Doué.

C'est devant cette statue, dans la chapelle de Ty-Mam-Doué, à
2 k. de Quimper, que le F. Maunoir pria la sainte Vierge de l'aider
à apprendre la langue bretonne. Et c'est dans cette chapelle de Ty-
Mam-Doué (chapelle de la Mère de Dieu), qu'il fit son premier
catéchisme en breton, après trois jours d'étude seulement.

n'hésitera pas à attribuer à une intervention miraculeuse le pouvoir accordé au F. Maunoir de catéchiser en breton après *trois jours* d'étude. Pour nous, qui sommes initié au breton, c'est un miracle de premier ordre.

Tout en continuant sa charge de professeur, avec grand succès, il se mit à évangéliser toutes les paroisses qui avoisinent Quimper. Les dimanches et les jours de fête, il allait le matin dans une localité, le soir dans une autre, quelquefois même dans une troisième. Dieu bénit si visiblement ses travaux, qu'en deux mois, plus de deux mille personnes avaient appris, sous sa conduite, ce qu'il est indispensable à un chrétien de savoir pour être sauvé. Il exerça cet apostolat durant deux années, évangélisant tour à tour Cuzon, Kerfeunteun, Ergué-Armel, Ergué-Gabéric, l'hôpital Saint-Antoine, le bourg de Locmaria, Penhars, Pluguffan, Ploaré, Douarnenez, Clohars, Plonéis, Guengat, Bodivit en Plomelin, les trèves de la Forêt, de Pouldavid, du Quillinen, les chapelles de Kernilis en Kerfeunteun, de Saint-André en Saint-Evarzec, et de Saint-Gildas en Ergué-Gabéric.

Mais ces prédications et ces catéchismes, ajoutés au travail de sa classe qui ne comptait pas moins de deux ou trois cents élèves, épuisèrent bien vite le F. Maunoir. Une grande faiblesse se déclara qui inspira des craintes sérieuses. Le R.

P. Provincial crut devoir lui imposer un repos, devenu nécessaire, sous un climat plus favorable ; il l'envoya donc à Tours, où il arriva en août 1633.

Le repos et l'heureux climat de la Touraine lui rendirent la santé plus tôt qu'on avait osé l'espérer. Alors, il fut chargé de donner des leçons à quelques enfants de la ville, auxquels il ne tarda pas à communiquer pour le travail une véritable ardeur. Le soin de ses enfants lui laissaient-ils quelques loisirs ? Il courait à l'hôpital, à la prison, dans les faubourgs, instruisant ceux que la Providence mettait sur sa route. Bref, les mérites du jeune professeur et son zèle apostolique produisirent des fruits inattendus : Cette ville de Tours, peu favorable aux Jésuites, demanda un collège dirigé par les Pères. La demande fut exaucée ; une fondation fut faite ; et les élèves du F. Maunoir en devinrent la première pépinière. — « Il a passé partout en faisant le bien ».

Vers la fin de l'année 1634, il était envoyé à Bourges, pour y étudier la théologie et se préparer au sacerdoce. Il y apporta la même ardeur et la même constance que précédemment, car nul n'était persuadé comme lui de l'importance des études théologiques. Il entendait savoir parfaitement ce qu'il aurait à enseigner aux autres. Il s'y surpassa, nous disent ses professeurs.

Ses supérieurs connaissant ses aptitudes et ses goûts pour l'instruction du peuple l'autorisèrent à catéchiser et à prêcher dans les campagnes du Berry, pendant l'Avent, le Carême, et aux jours de fêtes plus solennelles. Il s'y employa à merveille. Mais il fut pris d'une fièvre maligne qui le jeta dans une extrême faiblesse. Puis, son bras gauche s'enfla d'une façon prodigieuse. Dès le neuvième jour, la gangrène se déclara au-dessus du coude, avec une plaie très profonde à l'aisselle. Le mal allait gagner le cœur ; personne ne doutait plus de sa mort. Il se prépara à faire la sainte communion, qu'il regardait comme la dernière, la nuit de Noël.

Pendant qu'il se préparait tout à la fois à la communion et à la mort, en voulant se recueillir, il s'endormit d'un profond sommeil. Alors dans un songe, il crut porter sur ses épaules un paysan du diocèse de Cornouailles, de même que S. François Xavier, dans un rêve prophétique, songea qu'il portait un Indien, quelque temps avant que Saint Ignace l'envoyât aux Indes.

Le F. Maunoir, qui jusqu'alors avait paru très content de mourir, demanda aussitôt sa guérison. (1)

Quand on lui présenta la sainte hostie, il fit vœu, si Dieu lui rendait la santé, d'employer le reste de ses jours au salut de la Bretagne. Il

---

(1) P. Maunoir, *Vie manuscrite de Dom Michel Le Nobletz*, liv. II, chap. XVI, p. 403.

P. Maunoir, *Journal latin de ses missions*, p. 14.

invoqua ensuite la bienheureuse Vierge Marie, les saints Patrons de l'Armorique, spécialement Saint Yves. Le vœu une fois prononcé, le mal s'arrêta, les chairs se reformèrent peu à peu ; et le F. Maunoir fut vite guéri. Les médecins eux-mêmes, à ces signes extraordinaires, reconnurent le doigt de Dieu.

Il fut ordonné prêtre la veille de la Trinité, le 6 juin 1637, âgé de 31 ans. Lorsqu'il eut terminé sa théologie, au lieu d'être dirigé vers la Bretagne, il fut nommé au collège de Nevers, au grand étonnement de tout le monde, pour des raisons que nous n'avons pas à apprécier ici. « Il fallait attendre des jours meilleurs ».

Il ne resta qu'une année à Nevers ; car, comme il n'avait pas encore passé par le 3e an de probation, il y fut envoyé après les vacances de 1639. C'est à Rouen qu'il fit ce second noviciat où les jeunes prêtres de la Compagnie de Jésus achèvent de se former.

Il est d'usage, pendant ces jours de douce solitude, d'employer les jeunes prédicateurs à prêcher des missions durant le carême. Le P. Maunoir fut envoyé à Bernay, au diocèse de Lisieux. Son succès y fut immense. « Rien n'avait égalé la splendeur d'une procession qui s'était déroulée à travers les rues ornées et pavoisées de la petite ville. On y voyait en tête six confréries de charité avec leurs insignes et les bannières de chaque paroisse. A leur suite venaient trente enfants, représentant les anges du paradis, puis 60 jeunes filles vêtues de blanc. Derrière eux marchaient 50 prêtres, dont l'auguste majesté était encore rehaussée par la richesse de leurs ornements. Ils étaient suivis des Pères de Saint-François et des Bénédictins de Saint-Maur, dont le prieur portait le Saint-Sacrement. Les magistrats en grand costume, les principaux citoyens de la ville, et une foule de six à sept mille personnes lui faisaient cortège ». (*P. Séjourné, I, p. 70.*)

Les bénédictions qui couronnèrent cette mission furent abondantes non seulement pour la ville de Bernay, mais aussi pour toute la contrée. Après cela, le P. Maunoir vint achever son 3e an. Il y avait puisé les grâces qui font le véritable apôtre. Il quitta Rouen au mois d'août 1640, et fut enfin envoyé à Quimper; mais il y fut envoyé sur l'ordre formel du Général des Jésuites.

IV

Obstacles qui s'opposent aux Missions. — Dieu les fait disparaitre. — Mission de Douarnenez.

La situation du P. Maunoir, arrivant à Quimper, était très délicate : en effet, Mgr Le Prestre de Lézonnet, évêque de Cornouailles, et le P. Frédéric Flouet, recteur du collège des Jésuites, étaient tout à fait défavorables aux missions bretonnes. Ni l'un ni l'autre ne voulait en entendre parler. « Votre mission consistera à prêcher deux ou trois fois par an dans notre prieuré de Locamand », dit le Père Recteur au Père Maunoir.

Tout restait donc en suspens.

Cependant Dom Michel Le Nobletz sollicitait vivement son disciple de venir le trouver au Conquet, où il était retiré, ne pouvant plus voyager à cause de ses infirmités. Le jeune missionnaire, d'accord avec ses supérieurs, partit donc. Le vénérable vieillard à la vue de son successeur versa des larmes de joie. Puis, dans l'église du

Conquet, devant tout le peuple assemblé, il lui donna sa clochette, et les tableaux énigmatiques dont il se servait pour expliquer les mystères de la religion, et le déclara publiquement son successeur dans les missions de la Basse-Bretagne.

« Quand vous seriez un saint Paul, ravi jusqu'au 3e ciel, ajouta le maître, vous ne trouverez pas une condition plus sûre et plus avantageuse que celle des missions parmi les pauvres gens de la campagne. Elles sont, il est vrai, obscures et fatigantes, mais on y est à couvert de la vaine gloire, et de l'ambition, tandis que dans les villes et parmi les grands, on s'y donne peut-être beaucoup de peine, mais on y recueille peu de fruit spirituel... »

Parmi les moyens d'apostolat qu'il lui conseillait, il mettait au premier rang les catéchismes, les prédications, les confessions et les cantiques spirituels sur les dogmes et les maximes de l'Evangile.

Cependant rien n'avançait, rien ne se décidait au sujet des missions. Le Père Maunoir attendait patiemment, quand Dieu intervint par un grand coup : Mgr Le Prestre de Lézonnet, évêque de Cornouailles, fut emporté par une mort rapide et inattendue, le 6 novembre 1640, dans son manoir de Kervégan. (1)

---

(1) *Vie manuscrite de Dom Michel Le Nobletz,* par le V. P. Maunoir, IV, p. 422.

Les vicaires capitulaires, pendant la vacance du siège épiscopal, ne se montraient pas mieux disposés que Mgr Le Prestre. Eux aussi ne voulaient pas souscrire la bulle des indulgences, sous le prétexte qu'elles amoindrissaient l'autorité des Recteurs, et qu'elles affaiblissaient la piété des fidèles. Les missions leur semblaient une nouveauté dont ils ne voyaient pas les avantages, et ils avaient peine à les comprendre. Toutefois, sachant combien profonde était alors l'ignorance du peuple, ils autorisèrent le P. Maunoir à catéchiser, prêcher et confesser, dans tout le diocèse.

Sitôt cette permission obtenue, le jeune missionnaire se mit à l'œuvre, et produisit beaucoup de fruits de salut dans un grand nombre de paroisses. Le bruit des heureux résultats se répandait un peu partout et parvenait jusqu'aux oreilles du gouverneur de Quimper, M. le marquis de Rosmadec, baron de Molac. Celui-ci ravi de tout ce qu'il entendait et voyait, intéressa à ces sortes de travaux le cardinal de Richelieu lui-même, qui prit à sa charge toutes les dépenses des quatre premières années de missions, et faisait disparaître ainsi les principales objections du P. Frédéric Flouet. La main de la divine Providence se montrait d'une façon palpable dans tous ces événements.

Elle se manifesta encore bien visible dans la

nomination à l'évêché de Quimper de messire René du Louët de Coatjunval, ancien élève des Jésuites, et ami intime de Dom Michel Le Nobletz. La cause des missions bretonnes avait donc triomphé de toutes les difficultés.

C'est à Douarnenez, selon le vœu de Dom Michel Le Nobletz, que le P. Maunoir, aidé de son compagnon le P. Bernard, donna sa première grande mission, qui dura tout le carême de 1641. A son arrivée, il fut reçu à la porte de la petite ville par les plus notables d'entre les habitants, qui vinrent à sa rencontre comme au devant d'un envoyé du Ciel.

Disons tout de suite, que pour son coup d'essai il fit un coup de maître : le résultat près des âmes, durant cette sainte quarantaine, fut merveilleux ; mais il ne sera pas inutile de se rappeler comment il s'y prépara : Il s'y préparait lorsque à l'âge de 6 ans dans son village natal, il rassemblait ses petits camarades, les alignait sur deux rangs, leur faisait chanter des cantiques, montait dans la chaire de Saint-Georges-de-Reintembault et haranguait sa jeune troupe. Elève au collège de Rennes, il s'y préparait en faisant la guerre aux vices qu'il remarquait chez ses condisciples. Seize années de formation religieuse, avec cette pensée constante : « J'ai une double fin à me proposer, ma sanctification et celle de mon prochain », ses catéchismes en Bretagne, en Touraine, en Berry, l'ont chargé de grâces et l'ont admirablement préparé à sa nouvelle carrière.

Il y entre après 30 ans de préparation : il est bon de connaître cette méthode.

Dans cette première mission à Douarnenez, il fait de cette ville une sorte de centre d'action, ou de grand quartier général d'où il rayonne sur une assez vaste contrée, et ce sera son plan ordinaire, durant sa vie apostolique. Il met donc en mission, en même temps : Douarnenez, Sainte-Hélène, Pont-Croix, Pouldergat, Gourlizon, Notre-Dame du Juch, et Saint-Jean de Tréboul. Dans chacune de ces localités, il faisait deux, quelquefois trois sermons et autant de caté-chismes, tous les dimanches, et tous les jours de fête de carême. Tous les jours de la semaine, il donnait une prédication et catéchisait tantôt dans l'une, tantôt dans l'autre de ces églises. Il consa-crait le reste de son temps à entendre les con-fessions. Sa réputation se répandit bien vite dans toute la région, et on venait de très loin pour l'entendre. Aussi disait-il, avec raison, qu'il croyait avoir instruit dans cet espace de temps au moins dix mille âmes.

La ferveur fut entièrement renouvelée, et tous les pays d'alentour en retirèrent le plus grand profit.

Pour que le fruit fût plus durable, il composa un grand nombre de cantiques sur le *Pater*, l'*Ave*, le *Credo*, les *Commandements de Dieu*, la *Confession*, la *Communion*, les *Quatre fins de l'homme*, le *Rosaire*, et il les fit imprimer. Il sut ensuite passionner ses auditeurs pour ces sortes de chants ; « aussi depuis lors, écrit le Père, sur toute la côte, dans les maisons, dans les rues, au milieu des campagnes, on n'entend plus que ces cantiques sacrés » (1). Une procession générale, comme il savait en organiser, termina cette grande mission le Lundi de Pâques. Six mille personnes y prirent part, chantant avec ardeur les cantiques spirituels. Toute la contrée fut dans l'admiration.

Plusieurs grâces miraculeuses vinrent confirmer l'apostolat du missionnaire et donner une grande confiance aux habitants. Voici comment il les raconte lui-même dans son *journal latin des missions, 1641* : « Il y avait à Douarnenez une femme malade depuis longtemps. Le P. Bernard et moi, nous lui donnons le conseil de se recommander à saint Ignace. Elle le fait en notre présence, et sur l'heure elle recouvre la santé

Peu de temps après, et dans la même ville, on nous demande de visiter un jeune homme récemment marié. Il venait de perdre la raison, menaçait de tuer sa femme à coups de hache, et était en proie à d'autres tentations aussi violentes. Sa

____

(1) *Litteræ Annuæ s. j., 1641.*

folie ne lui laissait de repos ni le jour ni la nuit. Nous attachons à son chevet une image de saint Ignace.

La nuit suivante il dormait d'un sommeil paisible, et le lendemain à son réveil, se retrouvait en pleine possession de lui-même, complètement délivré de ses tentations. »

Là encore, une pauvre femme appelée Marguerite Cevaër, victime de maléfices, se trouvait depuis longtemps déjà, dans les douleurs de l'enfantement. Ses souffrances étaient si cruelles qu'il y avait, ce semble, danger de mort pour la mère et pour l'enfant. Le P. Maunoir confesse la malade et l'engage à mettre sa confiance en saint Ignace. Elle fait vœu, si elle guérit, de célébrer chaque année la fête de ce grand saint par la réception des sacrements. Après quoi, les deux Pères se mirent en prières. Loin de cesser, les crises redoublent de violence. Le P. Bernard fut d'avis alors, étant donné les caractères étranges que revêtait la maladie, qu'on recourût aux formules spéciales de la liturgie. Le P. Maunoir récite donc à haute voix l'évangile où N. S. énumère les prodiges qu'accompliront ceux qui croiraient en lui. A ces mots : « ils chasseront les démons en son nom », la malade jeta un grand cri, et le Vénérable n'avait pas achevé que l'enfant, au milieu de l'allégresse universelle, naissait à la lumière du jour. On lui donna au baptême le nom d'Ignace. Il vécut sept mois, et la mère dix ans.

Quatre autres merveilles, non moins étonnantes, sont encore relatées par le P. Maunoir à la suite de la mission à Douarnenez : « Ce sont là, conclut le Vénérable, les consolations par lesquelles Dieu et saint Ignace ont voulu soutenir mon courage. Les épreuves ont été jusqu'à ce jour nombreuses et cruelles ; elles le seront encore. Mais je dois espérer que l'œuvre des missions s'accomplira tout entière, puisque ses commencements sont couronnés par de si abondantes bénédictions. » (*Journal latin des Missions*).

V

MISSION DE L'ILE D'OUESSANT. — LA JALOUSIE
FAIT PROSCRIRE LES CANTIQUES SPIRITUELS. —
LA VÉRITÉ EST VENGÉE PAR UN ÉCLATANT
TRIOMPHE.

Après la mission donnée à Douarnenez, le
P. Maunoir chercha l'endroit de tout le diocèse
qui eut le plus besoin de secours. Il trouva que
c'était l'ile de Sein ou Sizun, parce qu'elle était
sans prêtres et sans sacrements. Il se mit donc
en chemin, avec son compagnon le P. Bernard,
pour cette ile abandonnée ; mais en cours de
route, la divine Providence par divers traits
merveilleux lui montra que l'instruction de Sein
était réservée pour un autre temps ; elle voulait
l'employer auparavant à la conversion de l'ile
d'Ouessant.

Cette mission en effet était plus urgente, car
la population d'Ouessant, qui était fort nom-
breuse, vivait dans une ignorance complète de
ses devoirs en matière de religion. Voici comment

le P. Boschet rend compte de cette mission (1) :
« S. Paul Aurélien que l'Eglise de Léon reconnait
pour son premier évêque, venant d'Angleterre,
et ayant abordé dans cette île avec douze de ses
disciples, l'avait convertie à la foi vers l'an 522.
On n'avait pas ouï dire qu'il y fut venu depuis
d'autres évêques. »

M. Le Nobletz y avait fait une mission très
utile au commencement de ce siècle (c'est-à-dire
il y avait environ 20 ans), mais on s'en souvenait
si peu, qu'à peine trouvait-on dans toute l'île
douze personnes qui eussent connaissance du
mystère de la sainte Trinité, et qui sussent les
commandements de Dieu. Il y avait pourtant un
Recteur et deux vicaires, mais ils avaient besoin
eux-mêmes d'instruction : De sorte que ces bons
insulaires, avec les meilleures dispositions du
monde, couraient grand risque de se perdre, si
Dieu n'eut envoyé à leur secours le P. Maunoir
et le P. Bernard.

Malgré tous les écueils, ils arrivèrent à Ouessant
la veille de la fête des apôtres Saint Pierre et
Saint Paul, ravis de commencer les missions
qu'ils avaient à faire dans l'évêché de Léon, par
l'endroit même où l'Apôtre du pays avait commencé les siennes, et le jour où les deux plus
grands apôtres de l'Eglise avaient fini leur apos-

---

(1) *Vie du P. Julien Maunoir*, par le P. Boschet, édit.
de 1697, p. 92.

tolat. Ils publièrent que le lendemain, de grand matin, se ferait l'ouverture de la mission.

La disette de prédicateurs avait excité une si grande faim de la parole de Dieu, que de tous les quartiers de l'île, chacun accourant à l'église, celle-ci se trouva pleine longtemps avant le jour ; et les missionnaires, venant à quatre heures du matin, virent une foule de monde rangé dans le cimetière. Aussi le P. Maunoir fit-il mettre la chaire dans la porte de l'église, pour se faire entendre également de ceux qui étaient entrés et de ceux qui n'avaient pu y prendre place.

Ce premier sermon ne causa que de l'admiration. Le peuple se laissait tellement aller au plaisir d'entendre parler de Dieu, qu'après que le Père fut descendu de chaire, tout l'auditoire demeura dans la même situation, comme s'il eut attendu qu'il prêchât une seconde fois. Il le fit en effet, après la grand'messe ; et cette seconde prédication leur plut autant que la première, mais ne fit que leur plaire, sans aucun résultat pratique.

Après le dîner, il commença un catéchisme. Mais il ne put engager personne à répondre ; les enfants se cachaient, et la honte empêchait les autres de parler. Quand les vêpres furent achevées, il remonta en chaire ; il exposa si vivement les joies du Paradis et les tourments de l'enfer, et sut si bien remuer ses auditeurs par l'espérance et par la crainte, que tous enfin se prirent à pleurer, et s'écrièrent : « jusqu'à présent, nous avons vécu en bêtes ; il faut songer à vivre en chrétiens ».

Alors le Père bénit Dieu de la résolution de ses auditeurs ; il les exhorta à l'exécuter, et leur proposa les exercices de la mission, les assurant que son compagnon et lui seraient tous les jours au confessionnal avant quatre heures du matin ; qu'ils y demeureraient tout le temps qu'ils ne seraient pas à l'autel, ou en chaire ; qu'à cinq heures du matin ce serait la prière, et à huit heures la prédication, qu'on passerait une partie de l'après-midi à enseigner la doctrine chrétienne, et le reste à confesser, et qu'à six heures du soir on finirait par la prière.

On observa cet ordre les trois jours suivants. M. Le Nobletz prévoyant la peine qu'auraient les insulaires d'Ouessant à répondre au catéchisme, y fit passer du Conquet une petite fille fort instruite de nos mystères : Le Père Maunoir l'interrogea publiquement ; il loua ses réponses, et il lui donna un chapelet. Cela inspira de la hardiesse et de l'émulation aux autres enfants, qui voulurent avoir part aux louanges et à la récompense. Ils demandèrent qu'on les interrogeât ; les jeunes gens les imitèrent ; et tous ensuite, sans distinction ni de sexe ni d'âge, se firent un honneur de répondre, ce qui facilita beaucoup le progrès de la doctrine chrétienne.

Le Père connut par les réponses de ce peuple jusqu'où allait leur ignorance : Ils ne savaient même pas répondre à cette question combien il y a de Dieux ? Plusieurs, interrogés là-dessus, répondirent qu'il y en avait quatre, d'autres cinq, et très peu dirent qu'il n'y en avait qu'un seul, ce qui obligea le Père de donner beaucoup de temps à l'instruction. Et comme cela n'avançait pas encore assez à son gré, il mit en œuvre les cantiques spirituels, qui contenaient tous les principes de la foi, les commandements de Dieu et de l'Eglise, la méthode de se confesser et de communier. Il les donna à un prêtre de l'île pour les apprendre par cœur ; il lui apprit à les chanter, et tous deux les chantèrent ensemble à l'église.

Cela eut un très grand succès ; tout le monde fut charmé de ces chants si nouveaux et si saints ; les enfants les retinrent très vite, et les chanteurs peu à peu ; ceux qui les savaient les apprenaient aux autres ; ils se répandirent ainsi de tous côtés, et toute l'île sut en peu de jours chanter les louanges du Seigneur, et apprit ainsi fort agréablement à l'honorer et à le servir.

« Alors, écrit le P. Maunoir dans la vie du P. Bernard, le feu prit au milieu de ces eaux ; le Saint-Esprit excita tant d'ardeur dans l'âme de ces insulaires, qu'accourant tous à l'instruction, il fallut prêcher au milieu de la campagne. La foule des pénitents était si grande, que pour les satisfaire, nous allions au confessionnal dès trois heures du matin, et nous y passions presque tout le jour jusqu'à huit heures du soir, et souvent jusqu'à neuf.

« Nous ne donnions pas quatre heures au sommeil. Le P. Bernard pour se lever aisément se couchait sur une table. »

Le P. Maunoir ne dit pas qu'il se couchait lui-même par terre, et que pour cacher sa mortification il bouleversait le lit qu'on lui avait préparé, afin qu'on crût qu'il y avait couché. Il ajoute et décrit ainsi toute cette mission, en disant qu'il trouvait plusieurs personnes fort avancées en âge, qui n'avaient pas encore reçu d'autres sacrements que le baptême, et qui se confessaient pour la première fois. Un jour qu'il se mettait à table, il fut pressé intérieurement d'aller au confessionnal. Ayant suivi cette inspiration, il trouva un homme qui cherchait depuis cinq jours à se confesser, et qui n'avait pu approcher du confessionnal à cause de la foule.

Quand les deux missionnaires eurent confessé presque tous les habitants de l'île, ils les disposèrent à recevoir l'Eucharistie, et ils les communièrent; un très grand nombre y firent leur première communion.

« Enfin, conclut le P. Maunoir, nous terminâmes cette mission par une procession fort édifiante, où M. le Recteur porta le Saint-Sacrement jusqu'à une chapelle assez éloignée, près de laquelle je prêchai au milieu de la campagne pour affermir les bonnes résolutions de ce grand peuple. Il y avait bien quatre mille personnes à ce sermon. Je ne sais pas si tous m'entendaient, mais je sais que tous m'écoutaient et me paraissaient touchés. Quand je vins à faire mon adieu, ce furent des cris, des regrets que je ne puis exprimer. Tous nous conduisirent jusqu'au port, et lorsque nous fûmes dans la chaloupe pour passer à l'île de Molène, ils nous demandèrent encore une fois notre bénédiction ; nous la leur donnâmes pour les contenter ». Dans un passage de son récit le P. Maunoir raconte bien simplement : « Les habitants nous amenaient leurs malades ; et quoique nous sussions bien qui nous étions, c'est-à-dire des hommes faibles et sans pouvoir, il fallait les toucher, autrement on ne nous aurait pas donné de repos. Nous les touchions donc, et Dieu pour récompenser leur foi, en guérissait plusieurs ». Entre autres guérisons, on cite celle d'une enfant de sept ans, gravement malade, et celle d'une jeune fille aveugle depuis deux ans : les deux furent guéries instantanément.

Des résultats si éclatants et si glorieux à Dieu causèrent de la jalousie parmi les hommes, et excitèrent des persécutions infernales. Certaines gens agirent auprès des Puissances ecclésiastiques et auprès des Jésuites pour faire rappeler le P. Maunoir au collège de Quimper, et pour lui interdire les missions à l'avenir. « Car, disaient-ils, il s'y livrait à une folle passion, menant le peuple en différents endroits de l'île d'Ouessant : L'on y a fait des danses publiques, et afin de mettre le monde en train, le bon Père chantait lui-même tout le premier ». (1).

Le P. Recteur du collège, peu accoutumé aux airs de la calomnie, se laissa séduire à ces paroles trompeuses. L'évêque de Léon, de son côté, mal informé, défendit sous peine d'excommunication d'expliquer à l'avenir les tableaux énigmatiques, et de chanter les cantiques spirituels.

Mais la vérité ne tarda pas à être vengée : Les ecclésiastiques et les gentilshommes des îles d'Ouessant et de Molène adressèrent une lettre à l'Evêque de Léon, et une autre au supérieur du collège de Quimper, pour attester la fausseté des accusations ; et dans l'énumération des services rendus par le P. Maunoir, ils mirent comme article très considérable « *d'avoir exterminé les danses* ».

Ce n'est pas tout. Dieu voulut accorder un vrai triomphe au missionnaire. En effet, environ mille insulaires d'Ouessant et de Molène vinrent pour recevoir la confirmation, à l'abbaye de Saint-Mathieu. A peine débarqués, ils se séparèrent en

______

(1) *Vie du P. Maunoir*, par le P. Boschet, p. 107, édit. 1697.

deux groupes, l'un de garçons et l'autre de filles, et se mirent à marcher, deux à deux, en chantant les cantiques condamnés. Plus ils approchaient de l'abbaye, plus ils élevaient la voix.

La population voulut les en empêcher, disant que s'ils continuaient ils seraient excommuniés. Ils n'en chantèrent que plus fort. On se mit en devoir de les maltraiter, et le moment devenait critique. Par bonheur, survint un ecclésiastique qui accompagnait Monseigneur dans sa visite, et qui, connaissant le Breton, apaisa tout le tumulte. Ayant entendu les cantiques, voyant qu'ils ne contenaient que les prières de l'Eglise, et des instructions très orthodoxes, il en instruisit le Prélat. Celui-ci, maintenant bien informé, approuva les cantiques, donna sa bénédiction à ceux qui les chanteraient, et à celui qui les avait composés. (1)

____

(1) *Vie du P. Maunoir,* par le P. Boschet, édit. 1697, p. 118.

VI

Le P. Maunoir n'oubliait pas que l'île de Sein ou de Sizun n'avait ni prêtre, ni sacrements, ni sacrifice. Aussi lui tardait-il de s'y rendre. Il s'embarqua donc, avec son inséparable compagnon, le 21 août 1641. Une pêche vraiment miraculeuse l'y attendait.

Trois lieues seulement séparent cette île du continent ; mais le trajet, qu'on appelle le Raz de Fontenay, est très difficile, et même fort dangereux.

Les marins avant de le franchir font cette prière :

> « *Ma Doue, ma sicouret evit tremen ar Raz,*
> *Rac ma lestr so bihan, hac er mor so braz !*
>
> Mon Dieu, secourez-moi pour passer le Raz, car ma barque est petite, et la mer est bien grande ! »

C'est un proverbe dans le pays : « Si tu passes le Raz, tu périras, ou du moins tu trembleras ».

Un autre vieux proverbe breton dit :

> Qui voit Ouessant
> Voit son sang.
> Qui voit Sein
> Voit sa fin.

Et Brizeux le décrit ainsi :

..... L'effroi de l'Armorique
L'île des sept sommeils, Sein, l'île druidique,
Si basse à l'horizon qu'elle semble un radeau
Entouré d'un millier de récifs à fleur d'eau.

Cette île qui n'a qu'une demi-lieue de longueur, et qu'un quart de lieue de largeur dans sa partie la plus étendue, est si basse, qu'il semble, à chaque instant, que les flots de la mer vont la submerger. Sa stérilité est aussi effrayante que sa situation : On n'y voit ni arbres, ni fruits, ni herbes, ni bestiaux. Tous les hommes sont en mer, occupés à la pêche. Les femmes et les jeunes filles labourent la terre, à force de bras, sans bœufs ni charrues, pour y récolter un peu d'orge. Quelques poissons rôtis sans beurre, sans huile, sans aucun assaisonnement servent à nourrir les habitants, avec un pain grossier fait d'orge et de racine broyées. L'unique boisson est l'eau puisée à leurs fontaines saumâtres. Malgré cette maigre nourriture, ces insulaires jouissent d'une santé vigoureuse, vivent long-temps, et sont très attachés à leur sol. Quelques heures passées sur le continent les jettent dans un insurmontable ennui.

Le voyage de nos deux missionnaires fut long ; il mirent trente-six heures à parcourir les trois lieues. Ils voulurent cependant rester à jeun, pour pouvoir célébrer la sainte messe en débarquant. Le P. Bernard, à la suite d'une si pénible traversée, était d'une si grande faiblesse qu'il eut du mal à achever le saint sacrifice. Le P. Maunoir lui-même, épuisé par les fatigues de la mer, se sentit un instant défaillir. Néanmoins, recueillant toute son énergie, il tint à prêcher, pour ouvrir la mission par un discours tout apostolique, et à chanter la grand'messe, à laquelle tous les paroissiens assistèrent en disant : « Enfin nous aurons la messe, et nous apprendrons le chemin du Ciel ! »

La mission dura huit jours ; tous les hommes renoncèrent à la pêche pendant ce temps ; et dans l'île entière on ne s'occupait plus que de son salut. Comme l'île n'a qu'une faible étendue, personne ne manquait à l'instruction. Le désir de s'instruire était poussé si loin que les catéchismes et les sermons ne pouvaient plus suffire. Le soir venu, ces bons marins poursuivaient les missionnaires dans leur logis pour les interroger jusqu'au milieu de la nuit. Les Pères étaient obligés de prendre sur leur sommeil. Comment n'ont-ils pas succombé à tant de fatigues ? Le P. Maunoir écrit que le P. Bernard était tellement accablé de travail qu'il ne lui restait pas trois heures par nuit pour se reposer. Il n'avait pas même un quart d'heure à midi et le soir pour manger son morceau de pain d'orge et de poisson rôti. Or, ce que le P. Maunoir écrit de son compagnon, devait être encore beaucoup plus vrai de lui-même, faisant seul tous les sermons et tous les catéchismes.

Aussi ces ouvriers infatigables, avec un travail si opiniâtre, opérèrent en huit jours bien des merveilles. L'île fut transformée ; le succès dépassa toutes les espérances. Plusieurs guérisons miraculeuses vinrent s'y ajouter : Barbe, Hélène et Marie Spinec, et Françoise Le Timeur, toutes les quatre atteintes d'une terrible esquinancie, recouvrèrent instantanément une santé parfaite.

Mais voici le plus beau fruit de cette mission :

Cette île privée de prêtre depuis de longues années, avait nommé un pêcheur, François Le Su, capitaine de l'île pour leur servir de pasteur et de père. Usant de toute son autorité, il maintint dans l'île les pratiques de piété. Tous les dimanches, il menait les habitants à l'église. On y faisait la procession avec chants, croix et bannières en tête. Il faisait chanter à deux chœurs tous les passages de l'office divin que les laïcs peuvent chanter. Il annonçait les fêtes et les jeûnes de la semaine. Aux fêtes les plus solennelles, il adressait à tout le peuple une exhortation pathétique ; le Vendredi Saint il exposait vivement toutes les souffrances de Notre-Seigneur. Homme d'une grande probité, doué d'un jugement excellent, il était aimé et vénéré de tout le monde. Aussi l'idée vint au P. Maunoir que François Le Su, qui depuis si longtemps faisait dans l'île l'office de pasteur, pourrait bien le devenir en réalité et se faire ordonner prêtre.

Veuf et sexagénaire, doué de quelque teinture des lettres, il lui suffirait d'apprendre un peu de latin pour comprendre le missel, le bréviaire et les cas de conscience.

François Le Su accepta la proposition, pour glorifier Dieu et servir le prochain. Cette nouvelle causa aux insulaires une si grande joie, qu'ils s'offrirent à payer la pension du capitaine tout le temps de son séjour au couvent de Landévennec, où il devait aller pour s'instruire.

François Le Su partit donc.

Mais deux mois s'étaient à peine écoulés, que les moines de Landévennec assurèrent à leur élève qu'il en savait assez pour recevoir les ordres, et l'envoyèrent à Quimper.

Le capitaine obéit, et vint prier le P. Maunoir de le présenter aux vicaires généraux. Il était habillé en pêcheur, avec son bonnet bleu, un sac de toile enlacé autour du bras. Le P. Maunoir changea un peu son costume, et l'assura qu'il pouvait se présenter lui-même, persuadé que Dieu l'assisterait.

Notre homme se présente au chapître, où messieurs les chanoines étaient réunis. Il leur déclare qu'il est de l'île de Sein, où il n'y a ni prêtre, ni messe, ni sacrements. Il se sent l'inspiration d'être prêtre pour venir en aide à ses compatriotes. Les grands vicaires et les chanoines entendant ce vieillard, couvert de cheveux

blancs, demander le sacerdoce, avec une instruction fort sommaire, eurent peine à étouffer leurs
rires. Le pauvre pêcheur fut donc renvoyé à sa
barque et à ses filets.

Il rencontre heureusement sur sa route le
P. Yves Pinsart, prieur des Dominicains de
Quimperlé, et théologal de l'église cathédrale.
Il lui conte sa vocation et le refus qu'il vient
d'essuyer. Le Dominicain plein de savoir et de
vertus, réintroduit le candidat devant le chapître.
Il représente aux grands vicaires qu'il ne fallait
pas renvoyer à la légère un homme qui semblait
être envoyé de Dieu. On se met donc à l'interroger. On lui présente le missel, et étant
tombé sur l'évangile où saint Pierre confesse
la divinité de Jésus-Christ, et où Notre-
Seigneur promet à saint Pierre de lui donner le
gouvernement de son Eglise, François Le Su en
fit la lecture sans hésiter, et en marquant bien
les points et les virgules, ce qui plut beaucoup
aux examinateurs. Ils lui demandèrent ensuite
de traduire en français tout ce qu'il venait de
lire. Il le fit avec tant d'aisance et d'exactitude,
que les chanoines se regardèrent les uns les
autres, tout ébahis, et se dirent: « Quel pêcheur !
Vraiment il y a dans l'évêché de Cornouailles
plus d'un recteur qui serait incapable de s'en
tirer aussi bien ». Il lui proposèrent aussi
quelques cas de conscience dont il se tira

encore fort bien. Il fut déclaré apte au sacerdoce.

Il partit aussitôt pour St-Pol-de-Léon, muni d'une lettre du P. Maunoir. Mgr Cupif lui conféra tous les ordres. Il vint célébrer sa première messe dans son île chérie dont il prit aussitôt possession, et qu'il gouverna pendant sept ans.

Mgr du Louët, qui visita plusieurs fois dans la suite l'île de Sein, a déclaré n'avoir jamais vu aucun recteur qui s'acquittât de sa charge avec plus de fidélité que ce bon prêtre, prêchant tous les dimanches à la messe et aux vêpres, faisant le catéchisme, enseignant le chant des cantiques spirituels, consacrant, chaque jour, de longues heures soit à méditer le saint évangile, soit à étudier les devoirs de sa charge.

Prévoyant sa fin prochaine et le délaissement de l'île de Sein, il envoya un de ses neveux à Quimper, au collège de Jésuites ; et le neveu devint le digne successeur de l'oncle. (1)

Tel a été le fruit précieux de cette mission, un fruit durable.

D'ailleurs, il y a dans la vie du P. Maunoir ceci de frappant : Partout où ce missionnaire travaille, quelque chose d'extraordinaire surgit et s'accomplit comme par miracle ; les foules accourent autour de sa chaire et de son confes-

---

(1) Pour tout ce chapitre, voir : *Vie de Michel Le Nobletz*, par Antoine de Saint-André, édition de 1666, chap. V, p. 194 et suivantes.

sionnal, et se convertissent en masse : « Le doigt de Dieu est là ».

Ainsi, il n'a passé qu'un temps fort court à Tours, donnant des répétitions à quelques élèves, et faisant des catéchismes dans les prisons. Par ces modestes occupations il a su retourner en faveur des Jésuites l'esprit de la population, laquelle a demandé et obtenu un collège dirigé par ces Pères. Qui pourra jamais calculer les heureuses conséquences morales de cette fondation qui dure encore, et qui est due au P. Maunoir ?

Ainsi encore, le autorités diocésaines de Quimper faisaient tous leurs efforts, depuis de longues années, pour trouver un prêtre qui voulût bien devenir Recteur de l'île de Sein. Leurs recherches restaient vaines, malgré les plus belles promesses pour l'avenir du prêtre qui y consentirait. Le P. Maunoir en huit jours de mission résoud la difficulté, et dote l'île d'un pasteur modèle.

Et comment se fait-il que non seulement des paroisses, mais des cantons entiers se mettent en marche pour accourir autour de sa chaire et se disputer son confessionnal ? Evidemment pour expliquer ces succès extraordinaires, il fallait qu'il y eut là quelque chose de nouveau. Ce nouveau était d'abord dans la personne du prédicateur : on s'apercevait bien vite que ce prêtre différait des autres. On n'était pas accoutumé à voir cette austérité de vie, ce zèle inlassable, cet absolu désintéressement.

La manière de prêcher avait aussi sa nouveauté ; il annonçait les grandes vérités que tout chrétien doit connaitre ; mais il les annonçait en homme qui les avait longuement et assidûment méditées, et il les faisait pénétrer dans l'âme avec toute l'énergie de sa propre conviction. Il les annonçait aussi avec l'émotion qui nait de l'amour profond de Dieu et des âmes du petit peuple, « *Pauperes evangelisantur* ». Cet amour qui se révélait dans toutes ses paroles, comme dans toutes ses démarches, voilà, par dessus tout, ce qui ravissait d'abord l'admiration, puis la pleine confiance de ses auditeurs.

Enfin, autre nouveauté, c'est son assiduité au confessionnal : il est à la disposition des pénitents de grand matin, dès 3 heures, jusqu'à une heure très avancée de la nuit. C'est là que chacun peut aller recevoir, avec le pardon de ses fautes, le baume qui convient à ses plaies, les avis spécialement utiles pour la direction de son âme.

VII.

Mission de Daoulas. — Mission de Plougastel-
Daoulas. — Mission de Dirinon. — Le
P. Maunoir s'y associe douze Prêtres
séculiers.

Nous sommes en 1644, à l'époque des fêtes du
Saint-Sacrement. Mgr René de Rieux, évêque de
Léon, pria les deux Pères d'évangéliser les
paroisses qui dépendaient de ses abbayes de
Daoulas et du Relec. Les Pères se rendirent
aussitôt à la petite ville de Daoulas, où un seigneur, Alain de Rohan, avait fondé en 1105 une
abbaye de Chanoines Réguliers.

On n'eut pas plus tôt commencé les exercices
ordinaires de la mission, que les peuples d'alentour accoururent en très grand nombre. Il y avait
fort à faire, écrit le P. Maunoir, car on ignorait
dans toutes ces contrées jusqu'aux premiers
éléments de la doctrine chrétienne. Le travail
était au-dessus des forces des deux apôtres. Il
fallut donc réclamer du secours. Le P. Alain de

Launay, recteur du collège de Quimper, se rendit sur-le-champ à l'appel, et amena avec lui le P. Guillaume Thomas, vénérable vieillard d'une sainteté miraculeuse. Le succès de la mission, confesse le P. Maunoir, dépassa non seulement toutes nos espérances, mais encore toutes nos prévisions : Grâces spirituelles, grâces temporelles, grâces privées, grâces publiques, tout' fut accordé par Dieu plus abondamment que jamais.

Une telle faveur aurait dû, semble-t-il, bien disposer les habitants de Plougastel-Daoulas à recevoir avec joie les mêmes missionnaires. Le contraire arriva. Faut-il le dire ? Deux ou trois prêtres de Léon et de Cornouailles, dont le Vénérable a voulu taire les noms, répandirent des calomnies ridicules sur le compte des Pères, qui n'étaient, à les en croire, que des fourbes et des sorciers, ayant des relations avec le démon. Ces prêtres défendaient aux fidèles d'aller se confesser aux missionnaires, sous peine de tomber dans un cas réservé dont l'évêque seul pourrait les absoudre (1)

Ces méchants propos s'accréditèrent si bien que les quatre premiers jours, il ne se trouva dans l'église ni auditeur, ni pénitent. Enfin le 5e jour, une veuve de Brest, étant venue avec sa famille pour gagner l'indulgence, et s'étant con-

---

(1) *Vie de Dom Michel Le Nobletz,* par le P. Maunoir, p. 447.

fessée, se trouva tellement remplie des grâces qu'elle avait reçues, qu'elle alla les publier partout, faisant l'éloge du P. Maunoir : « C'est un saint que ce missionnaire ; ce qu'il dit va jusqu'au cœur. Si vous saviez combien je suis contente ! » Ces paroles excitèrent la curiosité. Chacun voulut voir par lui-même. Bientôt on vint en foule à l'église. Et comme tout le monde confirmait ce que la femme de Brest avait dit, la réputation du Père se répandit rapidement dans toute la contrée. Le diable fut pris dans ses propres pièges. On vint à Plougastel-Daoulas de Brest, du Conquet, de Saint-Renan, de Lesneven, de Landerneau et même de Quimper. Jamais on n'avait vu pareil concours de monde ; il n'y avait ni assez de maisons pour loger les pèlerins, ni assez de pain pour les nourrir. Les habitants de l'endroit avaient beau partager avec les étrangers leurs maisons et leurs aliments, plusieurs furent obligés de coucher sur la voie publique, et de se contenter du pain de la parole de Dieu pour toute nourriture, du moins pendant les premiers jours. Les besoins de l'âme faisaient oublier les besoins du corps, comme aux jours où Jésus était suivi par la foule dans le désert. Les uns passaient tout le jour à l'église pour pouvoir se confesser le soir ; et les autres y passaient toute la nuit pour pouvoir se confesser le matin. Les louanges du Seigneur étaient chantées sans interruption, sur ce coin de terre, à l'église, et sur tous les chemins. Car les chemins qui mènent à Plougastel ne désemplissaient pas, ni jour ni nuit. Ceux qui s'en retournaient, après avoir gagné l'indulgence, chantaient les cantiques qu'on leur avait appris, et les apprenaient à ceux qui ne les savaient pas encore. (1)

Mgr du Louët, faisant à cette époque un voyage dans le Léon, fut très surpris de rencontrer sur la route ces foules de pèlerins, qui se rendaient à la mission, et il bénissait Dieu de leur donner tant de zèle pour le salut de leurs âmes. Tous ceux qui avaient été instruits à cette mission de Plougastel montraient une telle ferveur, que les jours ouvriers ressemblaient alors aux dimanches, et les fêtes aux jours les plus solennels. Les prédications se faisaient la plupart du temps hors de l'église ; et dès une heure du matin tout le monde était debout, et accourait au pied de la chaire, attendant l'arrivée des Pères. De là, on passait au confessionnal, où les pénitents donnaient des marques de repentir dont la sincérité se manifesta par des changements merveilleux de conduite.

Le P. Maunoir n'estime pas à moins de trente mille le nombre de ceux qui furent successivement instruits à cette mission de Plougastel-Daoulas. La procession qui la termina se fit le 24 juin 1644. Là, devant un auditoire de quinze

---

(1) *Vie du P. Maunoir*, par le P. Boschet, édit. de 1697, p. 170

mille personnes, dont plusieurs étaient venues de douze à quinze lieues à la ronde, le Vénérable prononça un dernier discours sur la nécessité de la pénitence. Des apparitions célestes qui eurent lieu en ce moment, à la vue de tous les spectateurs, multiplièrent encore les conversions.

La paroisse de Plougastel-Daoulas n'a pas oublié ce grand apôtre, et elle conserve encore aujourd'hui, au village de Tinduff, chez Claude Le Gall, avec un religieux respect, le lit où il prenait son repos, durant la mission de 1644.

Tous ces événements, et beaucoup d'autres que nous omettons, donnèrent aux missions et aux missionnaires une vogue extraordinaire, inouïe jusqu'alors. Comme le P. Maunoir prévoyait que les autres paroisses du voisinage ne se montreraient pas moins dociles à la grâce, et qu'il ne pourrait pas suffire, avec ses seuls compagnons, au travail toujours croissant, il exécuta un dessein que Dieu lui avait inspiré, en fondant une *Association d'Ecclésiastiques dévoués et capables de l'aider*. Il prit donc, outre son compagnon, neuf prêtres séculiers qui voulurent bien se donner à lui pour travailler dans la vigne du Seigneur, et qui répondaient pleinement à ses vues. Il se promettait de grands fruits de cette collaboration, car l'union fait la force. Il en fit l'essai à Dirinon, et le succès alla encore au delà de toutes ses vues. Le nombre de ceux qui

accoururent à la mission fut immense. La ferveur
de tous ne le céda en rien à ce qui s'était vu
jusqu'alors. Il y venait de tous côtés des personnes extraordinairement touchées qui disaient
aux missionnaires, les uns que la sainte Vierge,
les autres que saint Michel, d'autres que saint
Corentin les avait adressées à eux pour se tirer
de la persécution du démon, et mettre leur salut
en sûreté : « Il se fit là plus de huit mille confessions générales, la plupart très nécessaires, de
sorte que le Père compte cette mission parmi
celles qui ont procuré plus de gloire à Dieu, et
plus de grâce au prochain ». (1)

Quand il fallut quitter Dirinon, la séparation ne
se fit qu'au milieu des pleurs. Les bons habitants ne voulaient plus laisser partir les missionnaires. Ils les reconduisirent, en sanglotant,
bien au-delà des limites de la paroisse. Le souvenir de cette grande mission (1644) est conservé
fidèlement, et l'on voit maintenant encore dans
l'église paroissiale la grande croix sans Christ
que le P. Maunoir y fit placer. Elle est en si
grande vénération parmi les fidèles, qu'ils se
sont toujours opposés énergiquement à son
enlèvement, chaque fois qu'il en fut question,
pour une cause quelconque.

Les prêtres séculiers, qui avaient aidé à la mission de Dirinon, retournèrent à leurs paroisses.

____

(1) *Vie du P. J. Maunoir*, par le P. Boschet, édit. 1697, p. 171.

VIII

LE P. MAUNOIR FONDE UNE ASSOCIATION DE
PRÊTRES SÉCULIERS COOPÉRATEURS. — SON
INFLUENCE EXTRAORDINAIRE SUR TOUT LE
CLERGÉ DE BRETAGNE. — DÉTAIL DES EXER-
CICES D'UNE MISSION. — LA PROCESSION
GÉNÉRALE.

La vie apostolique du P. Maunoir se partage
en deux parties bien distinctes. Pendant la première, de 1640 à 1650, nous l'avons vu travailler,
seul avec son fidèle compagnon le P. Bernard, à
évangéliser la Bretagne. Nous arrivons à la
seconde partie, qui est de beaucoup la plus
importante, et qu'on n'a pas mise assez en évi-
dence, à notre avis. Le zélé missionnaire se sentit
inspiré de se former des coopérateurs, qui
devinssent plus tard ses successeurs, afin de
généraliser l'action bienfaisante des missions,
d'en faire une institution solide et durable, et
d'empêcher ainsi que la Bretagne ne retombât
dans son ignorance et sa corruption.

Mais il comprenait que la réformation du peuple, sans celle du clergé, ne serait qu'un édifice sans fondement.

Le mal provenait uniquement du défaut d'instruction et de zèle du clergé. Or, le moyen le plus efficace de le ramener à la connaissance et à l'amour de ses fonctions, c'était de lui faire toucher au doigt, dans l'exercice des missions, les désastreux effets de l'incurie des pasteurs, et les merveilles qu'opère la foi catholique, quand elle est présentée aux âmes avec la double autorité de la science et de la sainteté. La grande pensée du P. Maunoir fut de régénérer les prêtres séculiers par l'exercice du zèle apostolique, et leur faire reconquérir ainsi leur place dans l'estime des populations. C'est de cette idée, divinement féconde, que sont sortis la rénovation complète de la Bretagne et l'ascendant extraordinaire qu'y conserve encore le clergé.

Comme tous les hommes de foi, notre saint missionnaire mûrit longtemps son projet. Il pria beaucoup, et attendit l'heure de la Providence.

En 1650, à la suite de grandes fatigues, le P. Maunoir tomba gravement malade. On profita de cette circonstance pour l'engager à se modérer. Mais ces conseils firent sur lui moins d'impression que l'étrange hardiesse d'une sainte veuve, qui, l'arrêtant un jour en pleine rue, lui dit avec une autorité qui ne pouvait lui venir que d'en haut :

« Pourquoi faites-vous seul l'ouvrage de vingt missionnaires ? Que n'associez-vous des ecclésiastiques à votre emploi ? Vous auriez du secours, Dieu y trouverait sa gloire, et le prochain son salut ». Le Père reçut cet avis comme venant de Dieu, et répondit que bientôt il lui viendrait des compagnons qui s'offriraient d'eux-mêmes, pour former une association.

Une *Association* d'ecclésiastiques de ce genre, pensait-il, avec un règlement approuvé par les autorités supérieures, produirait des fruits très efficaces chez les prêtres et chez les fidèles. Les ecclésiastiques ainsi élevés et formés de sa main prendraient du zèle pour le salut des âmes. De retour dans leurs paroisses, ils communiqueraient ce zèle aux autres prêtres, et les entraîneraient par leurs bons exemples. Il espéra aussi que le nombre de ces missionnaires venant à croître, non seulement le prochain serait mieux servi, mais aussi qu'il se formerait par là une pépinière de bons recteurs, de bons vicaires, d'ouvriers formidables à l'enfer, capables de faire l'œuvre de Dieu partout où les évêques voudraient les employer. Il proposa ce projet aux Supérieurs ecclésiastiques qui l'approuvèrent et en facilitèrent l'exécution. Quelques-uns d'entre eux se firent eux-mêmes les compagnons et les missionnaires du P. Maunoir.

Tout rempli de sa grande entreprise, le P.

Maunoir alla en recommander le succès à saint Corentin, comme au premier apôtre du pays, vers la fin de l'année 1649. Il ne pouvait souhaiter un temps plus favorable à son projet que l'année du Grand Jubilé qui allait commencer, en 1650.

Un prêtre de grande piété, nommé M. Galerne, recteur de Mûr-de-Bretagne, voulant mettre la première pierre à une nouvelle chapelle qu'il allait bâtir au tombeau de saint Eloüan, invita le P. Maunoir à venir prêcher à cette cérémonie. Le Père y vint, et prêcha au plus nombreux auditoire qu'il eut vu encore jusqu'alors. Par ce discours, il renouvela tellement l'ancienne dévotion envers saint Eloüan que son tombeau devint plus célèbre que jamais. Alors, il se fit là un tel concours de pèlerins venant de toutes parts que le Père et son compagnon ne pouvaient seuls les confesser. M. Galerne et six prêtres qu'il avait dans sa paroisse durent partager la fatigue avec eux.

Ces vertueux ecclésiastiques, ayant connu dans cette occasion le grand service que les missionnaires rendaient à Dieu et au prochain, se sentirent tous portés intérieurement à se dévouer aux missions. M. Galerne et ses six prêtres allèrent se jeter aux pieds de l'évêque de Quimper, et le prièrent de leur permettre de se donner au P. Maunoir, ce qui leur fut accordé. Tous ensemble, sans différer, vinrent solliciter le Père

Chapelle de Saint-Ilonan, en Ille-de-Bretagne. — C'est là que prit naissance l'Œuvre des séculiers coopérateurs fondée par le R. P. Maulmo?

de les recevoir au nombre de ses compagnons,
et de disposer d'eux comme du P. Bernard. Le
Père les embrassa de tout son cœur, et les reçut
comme un présent du Ciel. Ainsi commença cette
Association des prêtres séculiers avec les missionnaires de la compagnie de Jésus ; et cette
Association qui ira jusqu'à plus de mille prêtres,
a rendu à la Bretagne des services inappréciables ;
et elle est bien propre à édifier également l'état
ecclésiastique et l'état religieux.

M. Le Nobletz, dont le Père était le successeur,
avait travaillé seul presque toujours. Dieu réser-
vait au disciple de ce saint Missionnaire l'avantage
d'assembler des ouvriers évangéliques, et de les
unir par une sorte de confédération, pour exter-
miner le vice de la Bretagne, et pour y faire
régner la vertu.

Nous venons de rapporter l'origine et les
commencements de l'*Association*. Les progrès en
sont merveilleux.

On y voyait, avec la plus grande édification,
non seulement de jeunes prêtres, mais aussi
des vétérans du sacerdoce, des Recteurs
chargés de paroisses importantes, des savants,
des bacheliers et des docteurs de Sorbonne,
des Abbés de monastères, des Officiaux, des
grands vicaires, des personnalités remarqua-
bles, comme un M. de Trémaria, un M. de
Kerisac, un marquis de Pontcallec, un abbé de

Plivern, un Le Gall de Kerdu, un de l'Estour, se faire les compagnons d'un simple missionnaire de la Compagnie de Jésus, et ne vouloir agir que sous sa direction ; des évêques assister aux missions du Père, se mêler à ses compagnons, travailler avec lui, l'obligeant à leur distribuer leur tâche comme aux autres. Tous les missionnaires, également contents de l'emploi que le Père leur avait assigné, s'en acquittaient avec la même ponctualité que s'ils avaient fait vœu d'obéissance. Leur nombre, comme nous l'avons déjà dit plus haut, alla jusqu'à plus de mille ! Ne pouvant pas tous servir ensemble, ils le faisaient successivement, chacun à son tour, selon qu'ils étaient demandés. Ils se rendaient, à jour nommé, dans les paroisses qui leur avaient été marquées par une simple lettre du Père. Ils arrivaient au rendez-vous de divers points de la Bretagne au nombre de trente, quarante, quelquefois cinquante, y passaient un mois ensemble dans la plus parfaite concorde, se regardant uniquement comme les envoyés de Dieu, ne cherchant que les intérêts de sa gloire, et que le salut du peuple dont ils entreprenaient la conversion. Voilà la merveille du P. Maunoir, et, sans contredit, l'endroit le plus beau de sa vie. De toutes les bonnes œuvres qu'il a faites, celle-ci est la plus admirable et la plus utile à l'église de Bretagne. (1)

(1) *La vie du P. Maunoir*, par le P. Boschet, édit. 1697, p. 266 et suiv.

On ne pourra jamais exprimer tout le bien qui a été accompli par cette multitude d'ecclésiastiques ainsi associés pour les missions. La concorde et la bonne intelligence de tant de missionnaires, outre l'édification donnée à tout le monde, apprenaient aux prêtres d'une même paroisse à s'unir pour les bonnes œuvres.

Les exercices de la mission formaient les jeunes ecclésiastiques, les instruisaient de leurs devoirs, et les accoutumaient à les remplir. Les uns commençaient à faire le catéchisme, les autres à prêcher. Quelques-uns découvraient là leur talent, le cultivaient dans la suite, et devenaient bons prédicateurs. Tous apprenaient l'art difficile d'instruire le peuple. Une sainte émulation naissait entre eux. Quelques-uns, à la sollicitation du Père, s'associaient des prêtres, se faisaient leurs chefs, et instruisaient les fidèles, chacun dans son diocèse, comme M. Leuduger, fondateur des Filles du St-Esprit. De là sont venus les divers groupes de missionnaires qui ont évangélisé depuis cette époque cette province, et y ont maintenu à un si haut degré la foi catholique. Ce vrai zèle, et cette sainte conspiration de tant de bons prêtres, conjurés contre le vice, ont répandu et ont entretenu dans tout ce pays la science de nos mystères, l'horreur du péché, l'amour de la vertu, la fréquentation des sacrements, l'exercice de la prière, l'esprit de ferveur et de piété, le culte des morts, ont suscité, en nombre incalculable, des vocations sacerdotales et religieuses, ont donné naissance à des maisons de retraites et à des familles religieuses qui forment la plus belle parure de la Bretagne : Vannes, Quimper, Saint-Brieuc, Saint-Servan, Ploërmel, Kermaria, Créhen, pour ne nommer que ceux-là au hasard, ont été les berceaux des grandes choses, qui ont aujourd'hui des échos dans tout l'univers. Or, tous ces biens-là remontent au P. Maunoir et à ses missions, comme à leur première origine. « Depuis saint Vincent Ferrier, nul ouvrier évangélique n'a travaillé au salut de la Bretagne avec autant de succès que le P. Maunoir, a dit Mgr Balthazar Grangier, évêque de Tréguier. »

Il n'est pas hors de propos, nous semble-t-il, de mettre ici sous les yeux du lecteur un plan au moins sommaire des missions du P. Maunoir.

Lorsqu'il avait déterminé, de concert avec les supérieurs ecclésiastiques, de donner une mission dans quelque paroisse, son premier soin était de s'assurer les missionnaires dont il avait besoin. Il jetait un coup d'œil sur le catalogue de ses fidèles compagnons pour en faire le choix, et il envoyait à chacun d'eux une lettre dont nous avons sous les yeux un modèle.

Avant de partir pour se trouver lui-même au rendez-vous, il invoquait la sainte Vierge, qui était la patronne générale de ses missions, et ses protecteurs ordinaires saint Michel et saint Corentin, auxquels il ajoutait le patron de l'endroit qu'il devait instruire. En approchant de la paroisse à évangéliser, il priait les bons anges de ce canton. Avant d'entrer dans la maison où il devait loger, il allait à l'église, disant qu'il était juste de rendre la première visite au grand Maître. De leur côté, les missionnaires arrivaient des divers diocèses à pied, un bâton à la main, le bréviaire sous le bras, quelques uns de très loin. C'était encore une chose bien édifiante de voir venir des paroisses voisines plusieurs processions fort nombreuses que les recteurs eux-mêmes amenaient pour assister à l'ouverture de la mission.

Pendant la mission, en quelque saison que ce fût, le sonneur de cloches devait sonner la plus grosse cloche de la paroisse à quatre heures du matin, un quart d'heure durant, pour appeler les fidèles à l'église. Les missionnaires, hiver comme été, se levaient à cette même heure. Le Père qui était toujours le premier levé, allait, la clochette à la main, éveiller ces messieurs en leur disant : « *Surgite mortui, et venite ad judicium. Levez-vous, morts, et comparaissez au jugement.* A quoi les prêtres répondaient : « *Deo gratias. Rendons grâces à Dieu* ».

A 4 heures et demie, pendant que le Père assemblait ses compagnons pour faire leurs

prières, méditation et autres exercices spirituels
en commun, deux ecclésiastiques désignés se
rendaient à l'église pour s'occuper des fidèles.
Ces derniers, depuis cette heure matinale, jusqu'à
huit heures du soir, se livraient toute la journée
à de pieuses occupations : prières, messe, cantiques, conférences, catéchismes, chapelets, sermons, pèlerinage aux chapelles, visites aux
cimetières, confessions, exposition, adoration et
bénédiction du saint Sacrement. Cela durait
environ un mois. Nous ne pouvons pas donner
ici le détail du programme ; ce serait trop long
pour notre petit opuscule ; mais nous devons dire
que tout y est prévu et réglé, soit pour les prêtres,
soit pour les fidèles : le Vénérable a été un habile
pêcheur d'hommes.

Quels étaient les sujets qu'on traitait en chaire
ordinairement pendant ces missions ? Quand le
P. Maunoir commençait une mission, il agissait
vis-à-vis de la paroisse comme si elle n'avait
jamais été instruite de nos saints mystères. Il
enseignait tout d'abord les premiers éléments de
la religion ; et il progressait ensuite selon le
savoir des auditeurs. C'était un véritable catéchisme. Cet exercice était si important à ses
yeux, qu'il ne le confiait jamais à d'autres. Il avait
d'ailleurs reçu du Ciel une grâce toute particulière pour enseigner au peuple la doctrine chrétienne.

Enfants ou vieillards, femmes ou hommes, riches ou pauvres se faisaient un plaisir de lui répondre, tant sa manière d'interroger était adroite et bienveillante. Il n'épargnait cependant personne, et sa baguette blanche atteignait indifféremment tous les assistants. Grâce à ses catéchismes, grâce à ses cantiques spirituels, qui contenaient tout l'enseignement chrétien, il instruisait si parfaitement, en un mois, tout un canton qu'il ne s'y trouvait plus personne qui ne sût ce qu'il devait croire, éviter et pratiquer pour être sauvé. Cet exercice se faisait tous les jours de 1 heure à 2 heures.

Quand, à 2 heures, les confesseurs entraient au confessionnal, un ou deux missionnaires s'emparaient de la foule, et lui apprenaient à faire la prière, à s'examiner, à se confesser, à réciter le chapelet, à expliquer les tableaux des missions. Ils la conduisaient dans quelque chapelle voisine ou au cimetière et lui enseignaient à chanter les cantiques.

Vers 10 heures du matin, et vers 4 heures du soir, étaient donnés de grands sermons : les sujets qu'on y traitait, les premières semaines de la mission, étaient empruntés aux grandes vérités qui s'appellent les fins dernières, la mort, le jugement, l'enfer, le paradis. Lorsqu'on voyait les pécheurs disposés à se convertir, on leur en facilitait les moyens, en leur faisant connaître leurs fautes ; on leur montrait la nécessité et la manière de faire pénitence. On leur parlait ensuite de l'usage du sacrement de l'Eucharistie, des occasions dangereuses, des tentations, de la prière, de la persévérance, etc. (1)

Le P. Maunoir avait introduit dans ses missions la coutume de les terminer par des processions. Celles-ci variaient suivant les contrées, les dispositions des habitants et le but à atteindre. Nous en parlons ici, un peu par anticipation, car, selon nous, elles servaient beaucoup à instruire.

A Plouhinec (Finistère), le Père jugea à propos de donner un spectacle propre à inspirer une crainte salutaire : il avait composé un cantique sur les tourments de l'enfer. C'est un dialogue instructif et pathétique où les hommes qui sont encore sur la terre, interrogent ceux qui souffrent dans les flammes de l'enfer, et leur demandent quelles sont leurs peines, et quelle en est la cause. A la fin de la procession générale, il fit monter sur un théâtre, dressé exprès au milieu de la campagne, les enfants qui devaient faire les interrogations au nom des vivants, et il plaça sous le théâtre ceux qui devaient faire les réponses des damnés. Les voix lugubres qui exprimaient les supplices des damnés sortant de dessous le théâtre, comme du fond de l'abime, effrayèrent tellement ce peuple au nombre de

_____

(1) *Vie du P. Maunoir*, par le P. Boschet, édit. 1697, p. 291.

plus de quatre mille personnes, que chacun se frappa la poitrine, et forma de nouvelles résolutions de faire pénitence et d'éviter le péché. (1)

Mais comme il n'est rien de plus touchant dans le christianisme que la Passion de J.-C., ordinairement le Père la représentait, avec toutes ses circonstances, en une vaste procession générale, pour clore ses missions. Cette procession était non seulement l'action la plus éclatante de la mission, mais elle en était l'âme, pour ainsi dire. Le Vénérable s'en emparait pour exciter la ferveur et pour animer tous les exercices. Il l'annonçait dès les premiers jours, parlait des mystères qu'on y représenterait, des personnages qu'il aurait à choisir parmi ses auditeurs pour en remplir les rôles. C'était alors une émulation à qui en aurait les plus importants. Mais la distribution des rôles était réglée par le Père sur l'assiduité et la ferveur de chacun ; et cette distribution se prolongeait pendant toute la durée de la mission, si bien que la dernière semaine tous les acteurs du grand drame étaient non seulement désignés, mais surtout préparés à faire passer dans les âmes des spectateurs les sentiments qu'ils étaient chargés d'exprimer. Tel était bien le but proposé : Frapper le peuple par la grandeur du spectacle, et faire entrer par ses sens jusqu'au plus profond de son âme

______

(1) *Vie du P. Maunoir*, par le P. Boschet, édit. 1697, p. 164.

l'amour de N. S., le souvenir de ses souffrances et la reconnaissance de ses bienfaits ; lui inspirer en même temps la haine et la fuite du péché, l'esprit de pénitence et un attachement inviolable au service de Jésus crucifié.

Dans les paroisses où la chose était possible, il faisait représenter dans cette procession générale les mystères non seulement de la Passion, mais encore ceux de la vie entière du Sauveur : *La Présentation au temple* ; *l'Incarnation* ; *les Saints Innocents* ; *la Fuite en Egypte* ; la scène du *jardin des Oliviers*, etc., etc.

On ne saurait dire combien nombreux furent chaque année les pécheurs endurcis que le spectacle des processions générales ramena dans le chemin de la vertu. Les bénédictions dues à cette grande cérémonie étaient fécondes et durables, comme une longue expérience l'apprit au P. Maunoir.

« J'affirme sous la foi du serment, écrivait
« M. de l'Estour, recteur de Caudan, au diocèse
« de Vannes, que les plus rebelles, ceux-là
« mêmes qui couvraient de leurs railleries la
« mission et les missionnaires, devenaient au
« retour de la procession, doux comme des
« agneaux, aussi malléables que la cire que l'on
« expose au feu. Quelques-uns même, coupables
« des plus odieux forfaits qu'ils n'auraient jamais
« voulu révéler à aucun prêtre, en faisaient faci-

« lement l'aveu le plus sincère, dès qu'ils avaient
« été témoins de cette dernière solennité de la
« mission ». (1).

-----

(1) *Journal latin des Missions*, par le P. Maunoir, an. 1645.

IX

La Communion Générale. — Mission de Landivisiau.

Nous avons indiqué les principaux exercices qui se pratiquaient durant tout le cours d'une mission ; cependant il en reste encore un que nous ne pouvons pas passer sous silence : C'est la communion générale. La communion générale s'appelait ainsi, parce que ceux qui avaient communié séparément en différents jours, afin de gagner l'indulgence pour eux-mêmes, communiaient à la fin de la mission, tous ensemble, pour les âmes du purgatoire.

Le Vénérable avait appris par une longue expérience que, chez les Bretons, les liens d'amitié comme ceux de la famille sont plus forts et plus étroits que partout ailleurs. Ils ne se brisent point avec la mort.

La tendresse des parents ou des amis va toujours au delà du tombeau. Le P. Maunoir mettait donc à profit les sentiments de ces cœurs généreux.

Au début de la mission, il déclarait que chacun des assistants pouvait, s'il le voulait, délivrer une âme du purgatoire. Pour cela, il suffisait de faire la sainte communion, au jour indiqué, dans l'église où se donnait la mission, et d'y réciter les prières prescrites par la Bulle des Indulgences.

Quand le jour de cette communion générale était indiqué, on le faisait annoncer dans toutes les paroisses, six lieues à la ronde. Dès lors, hommes, femmes, enfants, jeunes gens, vieillards, riches et pauvres, ne songeaient plus qu'à ouvrir les portes du ciel à quelqu'un de leurs parents ou de leurs amis.

Dès la veille du grand jour, les cloches de toutes les églises et chapelles des environs faisaient entendre leurs glas funèbres. Tous les chemins et tous les sentiers se couvraient bientôt d'une foule immense qui se rendait par groupes au lieu de la mission, en récitant le chapelet ou en chantant le cantique des âmes du purgatoire, composé par le P. Maunoir :

> « Breuder, kerent, ha mignonet,
> En han' Doue hon chilaouet.
> En han' Doue hon zikouret.
>
> A bep tu d'imp n'euz nemet tan,
> Tan war c'horre ha tan didan :
> C'houi hon euz-ni kement karet,
> En han' Doue hon zikouret !

> Zonjet en ho tad, en ho mam,
> Er Purgator, e kreiz ar flam :
> Ma mab, ma merc'h, ah ! chilaouet,
> En han' Doue hon zikouret ! »

« Frères, parents et amis, au nom de Dieu écoutez-nous ; au nom de Dieu secourez-nous.

De tous côtés, nous sommes environnés de feu ; feu sur nos têtes, feu sous nos pieds ; vous que nous avons tant aimés, au nom de Dieu secourez-nous.

Pensez à votre père, à votre mère, au milieu des flammes du purgatoire : Mon fils, ma fille, ah ! écoutez-nous ; au nom de Dieu secourez-nous. »

Le P. Maunoir adressait aux Recteurs une double recommandation : 1° avertir leurs paroissiens qu'il n'était pas nécessaire de se confesser au lieu même de la mission ; le contraire était même plus sage, vu le grand nombre de pénitents qui assiégeaient les confessionnaux des missionnaires ; 2° lui expédier leurs ciboires avec un plus grand nombre d'hosties qu'il n'en fallait pour leurs paroissiens, et avoir soin de les compter exactement.

Pour une solennité si imposante le Père n'omettait aucune précaution. Il assignait par avance ce que chaque missionnaire aurait à faire à la cérémonie. La liste des différents emplois était ensuite exposée, en lieu apparent, pour qu'on fût à même de la consulter. Enfin, le jour de la communion générale, l'église était envahie par les fidèles avant quatre heures du matin. Le Père lui-même faisait la préparation à la communion. Pendant que les messes se succédaient à l'autel, plusieurs prêtres distribuaient la sainte Eucharistie une grande partie de la journée, et souvent jusqu'à la nuit.

Ainsi à Landivisiau, sept missionnaires à la fois (l'un d'eux était messire Richard Miorcec, recteur de Saint-Vougay) furent occupés à ce saint exercice, sans aucune interruption, depuis six heures du matin, jusqu'à trois heures du soir. On compta, par le nombre d'hosties consommées, au moins trente mille communions faites en un seul jour pour les âmes du purgatoire.

Pendant qu'on donnait la communion, divers groupes d'enfants, qui se relevaient les uns les autres, chantaient tour à tour le cantique de la préparation et celui de l'action de grâces.

Devant un apostolat si merveilleux, le T. R. P. général des Jésuites, Jean-Paul Oliva, ne put contenir son admiration. Dès qu'il en connut les détails, il écrivit au P. Frémont, du collège de Quimper (29 janvier 1669): « Je ne puis exprimer l'immense consolation dont mon cœur déborde en voyant quelle riche moisson d'âmes ont encore recueillie et recueillent tous les jours nos vaillants missionnaires dans leurs missions bretonnes. Veuillez saluer en mon nom le P. Julien Maunoir ».

Voici les résultats généraux que nous ont transmis les historiens du Père, pour *la seule année 1669, où les missions furent moins nombreuses* :

Quatre-vingt mille personnes y ont été évangélisées, et dix-huit mille confessions générales y ont été entendues. Plus de vingt mille âmes, esclaves autrefois du péché, s'adonnent courageusement à la pratique de la vertu, six mille autres rompent avec les occasions prochaines qui rendaient leur salut impossible. Deux mille pécheurs impies et obstinés répondent à l'appel de Dieu par une éclatante conversion.

La paix rentre dans une foule de familles jusqu'alors divisées. La justice presque partout reprend ses droits. Ceux-là se proclament les plus heureux, non pas qui recouvrent les biens dont on les avait dépouillés, mais qui restituent ce qu'ils avaient dérobé.

X

FONDATION DE LA MAISON DE RETRAITE DE QUIMPER PAR LE P. MAUNOIR. — IL JOINT DES RETRAITES A SES MISSIONS. — DERNIERS TRAVAUX DU PÈRE. — MALADIE ET MORT DU PÈRE. — IL EST ENTERRÉ A PLÉVIN, A 8 K. DE CARHAIX.

Le spectacle des processions générales, où se déroulent les mystères de la passion du Sauveur, continue à émouvoir les pécheurs et à les convertir. (1)

Nous pourrions rappeler encore ces croix, ces calvaires, ces ossuaires, ces oratoires, ces chapelles que le grand missionnaire laissait après lui, comme les témoins éloquents et les continuateurs efficaces de son apostolat.

Ce serait justice aussi de parler de la maison de la Retraite que le Vénérable établit à Quimper. Cette fondation a été pour toute la Cornouailles

______

(1) *Hist. du P. Maunoir*, par le P. Séjourné, t. 2, p. 125.

une source de bénédictions incalculables. Or, elle doit son origine au P. Maunoir. (1)

A mesure que le Père acquérait plus d'expérience, il donnait à ses missions de nouveaux accroissements et de nouvelles perfections : ainsi il sut tirer un profit très considérable d'une nouvelle pratique, qu'il appelle le renouvellement des promesses du baptême, et qui était très touchante et très efficace, selon la manière qu'il la mettait en œuvre (2).

Plus tard, il lui vint la pensée de joindre aux exercices de la mission quelques pratiques de retraite. Il se disait, avec raison, que beaucoup de ceux qui suivaient les missions se trouveraient toujours dans l'impossibilité de suivre une retraite à Vannes ou à Quimper. Or leur ménager sur place une pareille faveur, et transformer la mission elle-même en retraite lui semblait un projet réalisable. Il l'étudia, le mûrit et l'exécuta. Son premier essai eut lieu à Lannion en 1671, avec un admirable succès. Ces sortes de retraite donnèrent dans la suite des fruits merveilleux (3).

Nous n'avons donné qu'une très faible esquisse de la vie du P. Maunoir, et de son apostolat dans la Basse-Bretagne. Le lecteur pourra y suppléer en songeant que le Père prêchait, chaque année,

---

(1) *Hist. du P. Maunoir*, par le P. Séjourné, t. 2, p. 132.
(2) *Vie du P. Maunoir*, par le P. Boschet, p. 309.
(3) *Vie du P. Maunoir*, par le P. Séjourné, t. 2, p. 149.

environ dix missions du genre de celles que nous avons décrites. En la seule année 1672, il en prêcha douze. Or, il a exercé cet emploi de missionnaire durant quarante-deux ans consécutifs. Cela atteint le chiffre d'environ 442 missions !

Aidé d'un millier de prêtres, qui s'étaient mis à sa disposition, il a remué la Bretagne de fond en comble, et l'a régénérée.

A partir de 1680, le P. Maunoir, devenu plus que septuagénaire, sent ses forces décliner peu à peu. Mais le zèle reste toujours le même : semblable au flambeau, plus il approche de sa fin, plus il jette de flamme et de lumière. Persuadé qu'il n'a plus que peu d'années à vivre, il ranime toute sa ferveur ; et jamais il ne parut ni si ardent pour la gloire de Dieu, ni si éclairé sur les moyens de l'accroitre et de l'étendre.

Enfin, son pauvre corps brisé de fatigues demanda un repos nécessaire : il fallut se rendre et renoncer au travail. Mais une âme aussi apostolique ne s'accommode pas de l'inaction. Après une interruption de quelques jours, le Père crut qu'il pouvait faire encore quelque nouvelle entreprise. Il s'engagea donc à donner une mission à Plouyé, près de Carhaix. Pour en préparer une autre dans la petite ville d'Uzel, il fit un voyage à Saint-Brieuc. Mais pendant qu'il s'y trouvait, il s'arrêta subitement dans la rue, et dit à son compagnon, le P. Martin : « Retournons au plus tôt

en Cornouailles ! Il faut nous en aller ; Dieu vient
de m'en avertir ».

Les deux voyageurs quittèrent Saint-Brieuc
sur-le-champ. Ils prirent la route par Le Quillio
et Plouguernével. Il retrouva, dans cette dernière
localité, les missionnaires qu'il avait lui-même
formés de ses mains. Grande fut la consolation
du Vénérable. Aussi, tout chancelant et épuisé
qu'il était, il voulut remplir, une fois encore, la
fonction de missionnaire. C'est là, à Plouguer-
névél, qu'il a fait son dernier sermon et son
dernier catéchisme. Il y laissa son surplis et son
bonnet carré. Bien qu'il fut très affaibli, il eut le
courage d'aller jusqu'à Plévin, à 8 k. de Carhaix.
Mais il lui fut impossible de pousser plus loin.
Il y fut reçu avec une joie immense par M. Canant,
recteur de la paroisse, un de ses plus zélés
et de ses derniers missionnaires. Il s'était à
peine mis au lit, au presbytère, qu'il fut pris
de la fièvre et d'un violent mal de côté ; et
comme le mal empira très vite, on le fit savoir
à Quimper. Il fit sa dernière confession, reçut le
viatique et l'extrême-onction. Il demanda le
cierge bénit et le tenant à la main, il récita la
formule de la profession de foi, renouvela les
promesses de son baptême avec des transports
d'une dévotion si tendre qu'il paraissait ravi en
Dieu. Puis s'abandonnant à la ferveur de sa piété,
il multipliait les actes de foi, d'espérance, de

Le bourg de Plévin ; C'est dans cette église, au pied de l'autel, que le P. Maunoir est enterré.

charité, de contrition, d'humilité, de remercie-
ments, d'abandon et autres semblables. Ce
n'était plus qu'élans d'amour, qu'aspirations vers
le ciel jusqu'au moment où il perdit la parole.
Un quart d'heure après, vers huit heures du soir,
il rendit le dernier soupir. C'était le 28 janvier
1683. Le Père était âgé de 77 ans. Il en avait passé
58 dans la Compagnie de Jésus, et consacré 42
aux missions de la Basse-Bretagne.

Sa mort avait été si douce, qu'on s'en était à
peine aperçu, et il était si peu changé qu'on le
croyait encore vivant. Dès que tout doute eut
disparu, les assistants tombèrent à genoux, commencèrent à l'invoquer comme un saint du
paradis, et à lui baiser les mains avec grande
dévotion.

A la nouvelle de cette mort, Mgr de Coëtlogon,
évêque de Quimper, Messieurs les chanoines de
la cathédrale et le R. P. Paris, recteur cu collège,
convinrent que le corps du Père serait transporté
à Quimper pour être enterré dans la cathédrale
même. Les Jésuites se réservaient seulement le
cœur qu'ils voulaient déposer dans leur chapelle.
Une lettre du Prélat fut aussitôt adressée à
M. Canant, recteur de Plévin, lui ordonnant de
faire extraire le cœur du Vénérable (l'opération
eut lieu dans la matinée du 29 Janvier), et défen-
dant sous peine d'excommunication qu'on
s'opposât à la translation du corps à Quimper.

M. Callier, vicaire général de Cornouailles, arrivait en toute hâte à Plévin, porteur des ordres de l'évêque et du chapitre avec pouvoir, au besoin, de faire appel aux foudres de l'Eglise et de demander le secours du bras séculier. Mais déjà la foule qui était accourue vénérer la dépouille mortelle du défunt était immense. Elle venait non seulement de Plévin, de Carhaix, et des paroisses voisines, mais de toute la Bretagne. Elle continua sans interruption pendant les deux jours que le corps fut exposé.

Lorsque le 31 janvier au soir, le bruit se répandit que le corps sera transporté à Quimper, tous les paysans bretons réunis répondirent qu'il n'en sera pas ainsi, et qu'ils conserveront dans leur église paroissiale ce précieux dépôt, quoi qu'il advienne. Ils se concertent entre eux pour s'opposer à tout enlèvement. Ils conviennent que, le lendemain matin, ils se trouveront tous en armes dans le cimetière autour de l'église et autour du presbytère. Quelques-uns sont chargés de monter la garde pendant la nuit. Grande fut la surprise du vicaire général, lorsqu'au matin il vit le presbytère où repose le corps du P. Maunoir, et l'église entourés de gens bien armés : « Non, non, lui dirent-ils, on ne nous enlèvera pas notre bon Père, notre *Tad Mad*. Si on l'enterrait à Quimper, il en serait de lui comme du P. Bernard, il ne ferait pas de miracles là-bas ; et il en fera ici ».

Alors M. Callier, prie M. de Kerlouët, gouverneur de Carhaix, de lui prêter main-forte ; ensuite il demande à M. le Recteur de Coray de signifier à ce peuple la volonté de l'évêque et de déclarer excommunié quiconque s'y opposerait. Rien ne put réussir à désarmer nos Bas-Bretons, qui répondirent énergiquement qu'on leur ôterait la vie, s'il le fallait, mais qu'on n'arracherait jamais de leurs mains le corps du P. Maunoir (1).

On parlementa pendant toute une matinée, sans obtenir le moindre changement dans l'opiniâtre volonté des habitants.

Devant cette indomptable résistance, le vicaire général comprit que tout effort contraire serait inutile. Tout en protestant de la violence qui lui était faite, il monta enfin à l'autel, et chanta la grand'messe d'enterrement, avec tout le cérémonial accoutumé.

Le corps du Vénérable fut aussitôt enterré dans l'église, au pied de l'autel, dans l'enfeu de la famille de Kerlouët. On ne put emporter à Quimper que le cœur.

M. Callier, le délégué de l'évêque, a souvent répété depuis que c'était Dieu qui avait armé la piété filiale des paysans bretons. C'était sa divine Providence qui avait tout conduit.

---

(1) P. Boschet, *Vie du P. Maunoir*, édit. de 1697, p. 415.

XI

La Tombe du P. Maunoir devient célèbre. — En 1875 le Père est déclaré Vénérable.

Son tombeau ne tarda pas à devenir glorieux soit par le concours d'un nombre infini de pèlerins, soit par l'accomplissement des miracles les plus éclatants et les plus divers. Déjà le P. Boschet écrivait en 1697 : « Il s'y est fait, et il s'y fait encore tous les jours un si grand nombre de guérisons miraculeuses, qu'à ne prendre que celles-là seules qui ont été attestées par les évêques, ou les prêtres commis par eux à l'examen des dépositions, on composerait un volume considérable ». (1)

Le P. Le Roux, qui publiait en 1715 : « *Recueil des Vertus et des Miracles du P. Maunoir* », est aussi formel. Les miracles qu'il apporte sont au nombre d'environ trois cents. Et il a soin d'ajouter : « Les faits que je raconte se sont passés sous nos yeux ; les témoins que je produis

____

(1) Boschet, *Vie du P. Maunoir*, édit. 1697, p. 421.

Tombeau du P. Maunoir dans l'église de Plévin.

vivent encore. Toute la Bretagne peut vérifier ce que j'écris. Les dépositions sont entre mes mains, et elles n'ont été reçues par les commissaires des évêques qu'après la prestation du serment le plus sacré ». (1)

Aussi, la Bretagne entière demanda-t-elle à grands cris que son saint apôtre fût placé par l'Eglise sur les autels.

Les Etats de Bretagne, réunis à Vitré, le 25 octobre 1697, prièrent Mgrs les évêques de procéder aux enquêtes nécessaires afin « de parvenir dans les temps convenables à la déclaration de sainteté et à la canonisation du P. Maunoir » ; et ils envoyèrent une somme de quatre cents livres au P. Boschet pour couvrir les frais d'impression de son ouvrage sur le saint missionnaire.

Mais ce fut en 1714, que Mgr de Plœuc, dans l'évêché de Quimper, Mgr Frétat de Boissieu, dans celui de Saint-Brieuc, commencèrent les procès de béatification. Ils écrivirent à Rome, après des informations juridiques minutieuses, des rapports très concluants, accompagnés de récits de miracles sans nombre.

« Très saint Père, disait Mgr de Plœuc, c'est au milieu de nous qu'a vécu le P. Julien Maunoir de la Compagnie de Jésus, missionnaire illustre entre tous dans cette province de Bretagne et

---

(1) Le Roux, *Vertus et miracles du P. Maunoir*, édit. 1848, p. 86.

fondateur de toutes nos missions. Cet homme extraordinaire, puissant en œuvres et en parole, a accompli de son vivant grand nombre de miracles. Mais depuis sa mort, qui date déjà de 31 ans, il en a fait d'autres si merveilleux, en nombre si considérable, que de toutes les parties de la Bretagne les populations s'empressent d'accourir sur son tombeau....

« Aussi tous vous demandent-ils, Très saint Père, de vouloir bien procéder à sa béatification et à sa canonisation. Nous-même qui, autrefois, avons vécu souvent avec ce grand serviteur de Dieu, qui avons été témoin de ses vertus, de ses miracles, dont nous avons fait informer, nous nous joignons aux fidèles pour solliciter de Votre Sainteté la même faveur ».

De son côté, Mgr Frétat de Boissieu, évêque de Saint-Brieuc, écrivait à Rome : « ....La renommée de sainteté du P. Maunoir a pris de tels accroissements, que tous les Bretons sont remplis à son égard d'une dévotion extraordinaire. On accourt de toutes parts à son tombeau. Aussi, à Plévin et dans toute la Basse-Bretagne, obtient-on, par l'intercession du serviteur de Dieu, des miracles sans nombre. Les vertus héroïques du P. Maunoir, la sainteté de ses mœurs, la grandeur de ses travaux continués sans relâche pendant 42 ans, les fruits de salut qu'il a produits, ont inspiré aux populations une si grande confiance dans la protection du Père, qu'ils souhaitent de tous leurs vœux sa béatification et sa canonisation. »

Cependant ces travaux si concluants, ces miracles si prodigieux, ces instances et ces démarches si solennelles, n'amenèrent point, pour lors, le résultat si ardemment désiré par les Bretons. On ne peut pas en accuser les sages lenteurs du Saint-Siège.

La faute en est aux événements politiques qui se succédèrent au cours du XVIIIe siècle, comme la conspiration de Cellamare en 1715, l'hostilité du Parlement de Rennes qui en vint à défendre par arrêt et sous peines graves les missions et les retraites, et enfin la Révolution française. Cette cause, si chère à l'Eglise de Bretagne, fut donc arrêtée pour un temps.

Elle ne fut reprise qu'en 1869. Les évêques de Bretagne firent de nouvelles instances auprès du Saint-Siège : « Les années ont beau s'écouler, écrivaient-ils à Rome, la réputation de sainteté du P. Maunoir non seulement ne s'affaiblit pas, mais s'accroît tous les jours. C'est d'une voix unanime que la Bretagne surtout proclame sa sainteté, comme elle redit sa puissance auprès de Dieu par des pèlerinages ininterrompus à son tombeau et à la chapelle qui garde son cœur ». (1)

---

(1) P. Séjourné, *Hist. du P. Maunoir*, II, p. 345.

Rome ne tarda pas à les exaucer. La Sacrée Congrégation des Rites reprit l'œuvre, et procéda aux informations. Le 8 avril 1875, le Pape Pie IX signa de sa propre main l'introduction de la cause du Vénérable Serviteur de Dieu Julien Maunoir. Ce premier décret, qui conférait au Père, le titre de Vénérable fut accueilli dans toute la Bretagne avec grande joie et profonde reconnaissance.

Le procès en est là actuellement. Par nos ardentes prières hâtons l'heure où la sainte Eglise placera sur le front de ce grand Breton l'auréole des Bienheureux et des Saints.

XII

Quelques traits de la Sainteté du P. Maunoir. — Sa Foi. — Son Amour pour Dieu. — Son Amour pour le Prochain. — Sa Pauvreté. — Son Obéissance.

Sa sainteté ne faisait de doute pour aucun de ses contemporains. Ses vertus, en effet, brillaient d'une si vive lumière, dit le P. Boschet, qu'il n'était personne qui ne se persuadât que notre Vénérable fût un grand saint. Cette opinion sur sa sainteté était universelle dans toute la province. Elle était si profondément imprimée dans l'esprit des foules que partout, sur son passage, on tombait à genoux pour recevoir sa bénédiction, non seulement les enfants, mais aussi les personnes de tout âge, de tout sexe et de toute condition. Aussi, Mgr de Coëtlogon, évêque de Quimper, insérait-il dans les actes du procès de 1714 : « Si pour prouver les vertus héroïques du P. Julien Maunoir, il nous fallait citer ici des témoignages populaires, nous trouverions autant de témoins que la Bretagne compte d'habitants ».

Dès que la présence du Père était signalée dans une localité, aussitôt les foules accouraient en lui amenant leurs malades et leurs infirmes, et il les guérissait en grand nombre.

« Ah ! si je voyais le Père en ce moment, je recouvrerais aussitôt la santé », disait Renée Floch, de Rosporden. Sur ces entrefaites, arrive inopinément le Père. A l'instant, la malade se trouva guérie, et la fièvre violente, dont elle était dévorée, ne reparut plus.

Une pauvre femme de Douarnenez, nommée Jeanne Le Croissant, était complètement sourde et souffrait de cruelles douleurs de tête. Elle est persuadée qu'en se confessant au Père, elle sera guérie de ses deux infirmités. Mais la foule qui assiège le confessionnal est telle, qu'elle ne lui donne aucun espoir d'arriver à son tour. Elle se place sur le passage du Père ; elle touche le bord de sa soutane. La surdité et tous ses maux de tête disparaissent au même instant. (1)

On dirait qu'une vertu sort de lui, répètent tous ses historiens.

« J'ai bien connu le P. Julien Maunoir, dit devant les juges ecclésiastiques, M. Guillaume Caro, vicaire général de Quimper. J'ai même vécu avec lui dans l'intimité. Souvent j'ai été le témoin émerveillé de son zèle pour la gloire de

______

(1) *Vie du P. Maunoir*, par le P. Boschet, p. 496 et suiv.

Dieu, et le salut des âmes. L'adversité ne l'a jamais abattu ; le succès ne l'a jamais enflé. Toujours égal à lui-même, il ne s'est pas moins distingué par son humilité, sa charité et sa mortification continuelle en toutes choses, que par la solidité de sa dévotion et de sa piété. Dès qu'il s'agissait de la gloire de Dieu, il supportait avec un admirable entrain les plus grandes fatigues. Rien ne lui paraissait difficile. Au contraire, l'amour divin qui le dévorait était si intense, que les obstacles eux-mêmes enflammaient son courage, appuyé qu'il était avant tout sur le secours d'un Dieu tout puissant. Plein de mépris pour les choses de la terre, également insensible à la délicatesse de la nourriture, aux vaines flatteries des hommes, aux aises de la vie, il tendait droit au but. Jamais il n'eut d'autre souci que de se mettre en garde contre le péché, d'en détourner les autres, et de procurer la gloire de Dieu. Il était si bien maître de lui-même, qu'en lui, la nature paraissait entièrement morte. »

M. Yves Le Moal, recteur de Cuzon, est aussi explicite : « ....Je voudrais que tout l'univers sût de quels bienfaits le clergé et le peuple de Bretagne sont redevables au P. Maunoir.

C'est lui qui a réveillé dans le cœur des prêtres le zèle du salut des âmes, lui qui a mis entre leurs mains les ressources et la méthode dont ils avaient besoin pour mener à bien une si glorieuse entreprise. Nos Bretons, autrefois si ignorants, qui les a instruits ? C'est lui. Qui les a arrachés aux superstitions diaboliques ? C'est lui. Qui en a fait des chrétiens d'une piété véritable ? C'est encore lui, avec le secours de Dieu....

On ne peut le connaître plus intimement que je ne l'ai connu. L'admiration que j'avais pour ses vertus était partagée par tout le monde. C'était un religieux humble et simple, tout occupé de sa perfection, adonné à la prière, d'un grand esprit de pauvreté, et qui se complaisait à vivre au milieu des pauvres.

Il a porté si loin l'amour de la pureté que jamais ses ennemis les plus acharnés, jamais ses calomniateurs n'ont osé formuler la moindre objection contre sa vertu. Missionnaire ardent, s'il en fut jamais, dévoré de zèle, cet homme apostolique, cet apôtre de la Bretagne ne reculait jamais devant un obstacle, si invincible qu'il parût, quand il y allait de la gloire de Dieu. Un seul mot complètera ma pensée : Il possédait toutes les vertus qui forment l'apanage du cloître et de l'apostolat. »

Maintenant passons à quelques détails de ses vertus. Veut-on savoir quelle était la vivacité de sa foi ? « Je croirai, dit-il dans ses précieux écrits, tout ce que Dieu nous a révélé dans l'Ancien et le Nouveau Testament. Je croirai à la tradition et

aux décisions de l'Eglise. En présence de toute
la cour céleste, je ferai profession de ma foi,
quand il s'agira de la confesser devant les tyrans.
Armé de la puissance de mon Dieu, je ne redou-
terai point la colère des hommes ; je mépriserai
les supplices et la mort elle-même. Jamais, en
matière de foi, je n'élèverai le moindre doute.
Autant qu'il dépendra de moi, j'éviterai l'entretien
des hérétiques. Je ne discuterai pas avec eux
que je ne me sente plus capable qu'eux, et
comme certain de les confondre. La nécessité
seule et la volonté des supérieurs m'imposeront
la lecture de leurs livres. Encore je ne le ferai
qu'à genoux, et en même temps, je prierai Dieu
de conserver ma foi dans toute sa pureté ». (1)

Il a fait une profession continuelle de sa foi, en
enseignant le catéchisme pendant 42 ans, en par-
courant toute la Bretagne pour prêcher les
principes de la religion, détestant les nouveautés.

Il nous a laissé des monuments de sa foi en
imprimant en français et en breton un catéchisme
fort lumineux, sous le titre de « *Quenteliou
Christen* » ; en faisant des conférences à ses
missionnaires presque tous les jours, les mettant
en garde contre les nouvelles erreurs, et leur
prescrivant de s'attacher toujours aux décisions
de l'Eglise. Quand il disposait le peuple à la

---

(1) *Recueil des vertus et des miracles du P. Maunoir*,
par le P. Le Roux, p. 32.

communion, il commençait par des actes de foi ; à la fin de ses sermons, il faisait souvent faire à ses auditeurs des actes de foi sur les vérités du salut.

Nous avons vu comment, à sa mort, il récita à haute voix sa profession de foi, tenant en main un cierge béni.

Rien n'est impossible à celui qui a la foi, dit Jésus-Christ. Cependant rares sont les hommes qui la possèdent au point de faire des miracles. Notre Vénérable fut du nombre de ces privilégiés, fermant le ciel pour arrêter les orages, l'ouvrant pour attirer la pluie ; apaisant les flots de la mer ; faisant croître les moissons ; délivrant les possédés ; guérissant les malades : le miracle semblait être à la disposition de ce grand croyant ; rien ne résistait au pouvoir dont il jouissait près de Dieu. Parcourez l'*Histoire des Vertus et Miracles du P. Maunoir*, par le P. Le Roux, vous en serez émerveillé. (1)

L'amour qu'il avait pour Dieu était le principe de toutes ses actions. Il aimait Dieu avec tendresse et avec ferveur : « Ah ! que je l'aime, dit-il dans son journal, ce Dieu infiniment bon, et que j'ai de passion de m'en faire aimer. Je tâcherai, avec le secours de sa grâce, de me rendre semblable à lui, afin que je sois plus agréable à ses yeux. Le plus ardent de tous mes

____

(1) Le Roux, p. 35.

désirs sera de jouir de Dieu. La plus grande de-
mes appréhensions sera d'être séparé de lui.
Chaque jour, ma première pensée sera de Dieu ;
mon premier soupir sera pour lui, mon premier
désir sera de faire sa volonté, mon premier
dessein sera de travailler à sa gloire. »

Quoiqu'il fût toujours uni à Dieu, il est cependant vrai que, dans ses oraisons, sa ferveur
augmentait. C'était des élans d'amour qu'il avait
de la peine à contenir. Avant et après la messe,
il était si enflammé, que son visage en paraissait
quelquefois tout rouge.

Il avoua, un jour, à l'un de ses missionnaires :
« Pour moi, par la miséricorde divine, je suis
aussi recueilli dans la rue que dans ma chambre,
et nul de nos exercices et de nos occupations ne
trouble le commerce de cœur et de pensée que
j'entretiens avec Dieu sans cesse. »

Sa charité envers le prochain était bien épurée ;
Dieu en était le principal motif. Voici comment il
en parle dans son journal : « Avec les lumières
et les forces que je reçois d'en haut, je regarderai
les hommes comme les enfants de Dieu, comme
ses amis et ses images, et comme le prix du sang
de N. S. J.-C. Ainsi, sous ces titres je les aimerai
tous ; mais j'aimerai particulièrement ceux pour
lesquels je sentirai moins de penchant, tels que
sont les pauvres les plus dégoûtants, les personnes viles et méprisables par elles-mêmes et

par leurs emplois. Les vues basses et intéressées ne seront pas le motif de ma charité. »

Ces résolutions ont été la règle de sa conduite pendant toute sa vie : il prêchait partout sans relâche, dans les églises, les places publiques, les maisons ; tantôt à une foule considérable, tantôt à un seul ; il parlait aux grands et aux petits ; dans les prisons, les hôpitaux, à la ville et à la campagne. Quand il connaissait quelque paroisse tout à fait négligée, il n'épargnait rien pour y aller prêcher la parole de Dieu.

Les chemins horribles qu'il trouvait en hiver, les vents, la pluie, la neige, ne le détournaient point du projet qu'il avait de sauver des âmes.

Après un voyage fatigant, pour tout repos, il fallait prêcher, aller longtemps avant le jour à l'église, à travers la boue. Il n'y a que ceux qui l'ont expérimenté qui peuvent dire combien cela coûte à la nature. Il ne faut craindre, dans ces occasions, ni rhume, ni maladie ; il faut mépriser la vie et ses commodités, et être convaincu que les âmes des plus grossiers Bretons sont précieuses devant Dieu.

Et si l'on veut savoir quel fonds avait le P. Maunoir pour défrayer ses nombreuses missions, et ses nombreux collaborateurs, je réponds que sa confiance en Dieu lui suffisait. Il n'avait pas d'autres ressources. Pour lui, mortifié comme il l'était, il mangeait indifféremment de tout ce qui se présentait. Voici un trait :

Ayant commencé dans une paroisse une mission, sans aucun préparatif, il y travailla, un dimanche, jusque après midi à prêcher et à confesser sans interruption. A la sortie de l'église, il dit au P. Bernard, son compagnon : « Allons dans les villages voisins voir si nous trouverons quelque nourriture ». Ils entrèrent chez des paysans qui mangeaient, avec de gros sel, sans huile ni vinaigre, de grandes feuilles de laitues par manière de salade ; ces bonnes gens invitèrent les Pères à prendre part à leur maigre repas. Ceux-ci mangèrent avec appétit, et remercièrent. Ces généreux paysans, venant aux vêpres et aux instructions, racontèrent aux autres ce qui s'était passé, en disant que les Pères n'étaient pas délicats et qu'ils mangeaient ce qu'ils trouvaient.

Cela encouragea les autres. Tous les jours, quelqu'un avait compassion d'eux, et venait les prendre à leur sortie du confessionnal pour leur donner un repas, qui consistait habituellement à manger de la bouillie, du pain noir avec du beurre, et à boire de l'eau claire.

Les deux Pères faisaient presque toujours leurs voyages à pied par pauvreté, et portaient leur sac sur leur dos. Ils logeaient en chemin chez les personnes charitables qui avaient la bonté de les recevoir. Si vers la fin de sa carrière le Père usa d'un cheval pour ses voyages, c'est qu'il n'avait plus la force de les faire à pied.

C'est par pauvreté qu'il préféra, au moment de mourir, le presbytère de Plévin au château de Kerlouët.

Que dirai-je de son obéissance à l'égard de ses supérieurs ? Elle éclata exemplaire en mille circonstances, mais surtout en face d'un gros sacrifice dont on le menaçait : Le R. P. Pinette, provincial de France, vint faire sa visite annuelle à Quimper. Des adversaires des missions se plaignirent auprès de lui du P. Maunoir et de son zèle intempérant. Ces calomnies eurent quelques succès auprès du P. Provincial, qui y prêta l'oreille. Il crut devoir exiger du P. Maunoir qu'il changeât sur un point sa manière de faire dans les missions, et pour l'obtenir plus sûrement se persuada qu'il fallait le menacer de le retirer de la Basse-Bretagne. Il céderait sans doute sur ce point, plutôt que d'abandonner cette terre qu'il cultivait depuis si longtemps, avec tant d'amour. Il menaça donc le Père de l'envoyer à Pontoise. Mais quelle ne fut pas sa surprise, quand quelques instants après, il vit rentrer dans sa chambre l'humble missionnaire. Il avait le manteau sur les épaules, le bâton d'une main, le bréviaire de l'autre. Il se jette à ses genoux, et se déclare prêt à partir à pied en quelque lieu du monde qu'il lui plaira de l'envoyer. Le P. Provincial fut désarmé devant une obéissance aussi héroïque. Il relève le Père, l'embrasse avec tendresse, puis le conjure de continuer son apostolat dans toute la Bretagne. (1)

Nous pourrions parler encore longuement des autres vertus héroïques de notre Vénérable. Mais nous sommes obligé de nous borner. D'ailleurs tout autre éloge devient superflu au regard des glorieux hommages qu'ont rendus à sa mémoire les évêques de Bretagne qui le connurent.

Mgr du Louët, évêque de Quimper, le nommait « l'ange visible de son diocèse. »

Mgr Baltazar Grangier, évêque de Tréguier, disait que depuis saint Vincent Ferrier, nul ouvrier évangélique n'avait travaillé au salut de la Bretagne avec autant de succès que le P. Maunoir.

Mgr de la Barde, évêque de Saint-Brieuc, l'appelait « l'homme de Dieu dans la Bretagne. »

Mgr de Coëtlogon, évêque de Quimper, écrivit la belle lettre pastorale suivante, dès qu'il apprit qu'on faisait des recherches pour composer la la vie du P. Maunoir :

« François de Coëtlogon, par la grâce de Dieu,
« évêque de Quimper et comte de Cornouailles,
« aux fidèles que ces présentes verront, salut en
« Notre Seigneur.

----

(1) *Le P. Maunoir*, par le P. Séjourné, II, p. 161.

« Pour coopérer au bon dessein de faire con-
« naître la sainte vie du R. P. Julien Maunoir, de
« la Compagnie de Jésus, j'imiterai saint Jean
« qui dit, en parlant du Sauveur : « *Quod vidimus*
« *oculis nostris, quod perspeximus… annuntiamus*
« *vobis. Nous vous publions ce que nous avons vu*
« *de nos yeux* ». Les choses qui se sont passées à
« ma vue les seize à dix-sept dernières années
« que ce R. Père a vécu, qui est le temps que je
« l'ai pratiqué, semblent m'obliger à rendre
« témoignage à ses illustres vertus.

« J'ai toujours reconnu que, bien loin de se
« conduire par l'esprit du monde, il n'agissait
« uniquement que par un esprit de bonté, de
« simplicité, de dévotion et de soumission conti-
« nuelle ; avec une doctrine, une sagesse et une
« prudence angélique ; sans jamais paraitre
« mécontent, ni mécontenter personne.

« Dans les plus grandes fatigues, au milieu
« des persécutions, des calomnies et même en
« danger de mort, il était aussi paisible que dans
« ses délices spirituelles. Or, une pareille tran-
« quillité de cœur étant, selon saint Ignace,
« fondateur de la Compagnie de Jésus, une
« marque infaillible de sainteté, il est certain que
« le fils de ce grand patriarche et son imitateur,
« le P. Julien Maunoir, possédait éminemment
« cette auguste qualité de saint. Dieu le favorisait
« aussi de plusieurs grâces prodigieuses pour le

« salut des âmes et pour la santé des corps. Les
« sacrés fruits qu'il a faits dans mon diocèse et
« dans plusieurs autres de la province, par son
« talent particulier de catéchiser, par sa méthode
« de prêcher, par son application à confesser et
« par sa vie toute céleste, sont si admirables,
« qu'il me paraît à bon droit avoir mérité le nom
« d'apôtre de la Bretagne. Quand il n'y aurait
« que la vertu et la perfection qu'il a établie
« parmi nos ecclésiastiques, cela seul aurait été
« capable de lui acquérir ce beau nom. Avant ces
« missions, très peu de prêtres prêchaient et
« catéchisaient dans mon diocèse ; mais depuis,
« un très grand nombre, formés à la prédication
« par sa conduite, sont recherchés partout et
« travaillent heureusement à la conquête des
« âmes. Ce qui me persuade que ces paroles du
« Sauveur à ses apôtres se vérifient aussi dans
« la personne du P. Maunoir : « *Posui vos ut eatis*
« *et fructum afferatis et fructus vester maneat·*
« *Je vous ai mis pour prêcher ma parole, et pour*
« *produire des fruits dignes de l'éternité* ». En effet,
« depuis son décès, la mémoire de ses saintes
« instructions et de ses grands exemples de vertu
« augmente la dévotion du peuple et le zèle des
« ecclésiastiques. *Domino cooperante et sermonem*
« *confirmante sequentibus signis*, Dieu coopérant
« dans toute la Bretagne à la gloire de son
« serviteur, en faisant, par son intercession cha-

« ritable, des prodiges dont on ne peut douter,
« après les attestations de presque une infinité
« de témoins de toutes conditions, et après les
« informations juridiques que nos commission-
« naires nous en ont faites et nous en font encore
« continuellement.

« Donné à Quimper, dans notre palais épisco-
« pal, ce 14 Octobre 1684.

« Les grands services que le défunt a rendus
« dans notre diocèse, les quarante-deux der-
« nières années de sa vie, nous obligent de
« porter, quoiqu'en abrégé, ce témoignage de
« vérité à son heureuse mémoire. »

Enfin, Mgr de Plœuc, évêque de Quimper,
adressant au pape, en 1714, le procès sur les
miracles du P. Maunoir, écrivait : « Les miracles
et les prodiges opérés par le serviteur de Dieu ne
cessent de démontrer combien puissante est
son intercession. A peine avons-nous commencé
les informations sur l'un ou l'autre de ces miracles, que la renommée de vingt autres non moins
certains, non moins incroyables, nous arrivent
de tous les côtés à la fois. »

Aussi terminerons-nous cette petite brochure
par cette prière :

O Dieu tout puissant, qui avez daigné répandre
sur la Bretagne des grâces abondantes de conversion et de sanctification, par l'apostolat si
fructueux de votre serviteur Julien Maunoir,

nous vous supplions humblement, par l'intercession de la très sainte Vierge Marie, et de sainte Anne, notre patronne, de nous accorder bientôt le bonheur d'entendre proclamer, par le Saint-Siège apostolique, la sainteté de votre grand serviteur, afin que nous puissions l'invoquer publiquement, et obtenir, par son secours, la conservation et l'augmentation de l'esprit de foi, de simplicité, de chasteté, de tempérance, et surtout l'amour du foyer domestique et le dévouement à la chaire de saint Pierre. Nous vous demandons ces grâces par le Sacré Cœur de Jésus.

Ainsi soit-il.

XIII

LISTE DES PRINCIPALES LOCALITÉS OÙ LE P. MAU-
NOIR A FAIT DES MISSIONS. (1)

1640 et 1641. — Douarnenez, Pontcroix, Pouldergat, Gourlizonet, N.-D. du Juch, Ile
d'Ouessant, Ile de Molênes, Ile de Sein.

1642. — Ile de Bréhat, Lanevé, Kérity, Perros-
Guirec, Paimpol, Ile d'Ouessant, Ile de
Molênes.

1643. — Quimper, Audierne, Cléden, Plogoff,
Penmarch, Ploan, Rostrenen.

1644. — Quimper, Douarnenez, Daoulas, Plouhinec, Plougastel-Daoulas, Dirinon, Irvillac.

1645. — Roscanvel, Hanvec, Saint-Thomas-de-
Landerneau, Logonna, Berrien, Scrignac,
Bénodet, St-Rioual.

1646. — Douarnenez, Plouaré, Pouldergat, l'oul-
lan, Langonnet, St-Mayeux, Mûr, Cléguerec,
Lignol, Landeleau, St-Martin, St-Thélo,
St-Thurien, Locamand.

---

(1) *R. P. Julien Maunoir*, par Edm. M. P. du V. p. 171.

1647. — Callac, Carnoët, Plourach, Plusquellec, Neulliac, St-Caradec, Kergrist, Le Quillio, Merléac, Calanhel.

1648. — Corlay, Haut-Corlay, Plussulien, Bodéo, St-Martin, Merléac, St-Caradec, St-Guen, Cléden-Cap-Sizun, Plogoff, Goulien, Fouësnant, St-Georges-de-Reintembault, Mellé, Montault.

1649. — St-Pol-de-Léon, Roscoff, Landerneau, St-Houardon, St-Renan, Plounévez-Quintin, Bothoa, Ste-Tréphine, Laniscat, St-Gildas, Trémargat.

1650. — Mûr, St-Guen, St-Mayeux, St-Gilles-Pligeaux, Vieux-Bourg-Quintin, St-Gonery, Kerpert, St-Corentin, Plourin.

1651. — Ergué-Gabéric, Locamand, Tréméauc, Mûr, Ste-Suzanne, Notre-Dame-de-Tromenou, St-Jean-de-Tréboul, Merléac, Le Quillio.

1652. — Pontcroix, Beuzec-Cap-Sizun, Meylar, Poullan, Douarnenez, Plouaré, Le Quillio, St-Eloüan, Cléden-Poher, St-Nicaise, Ile de Sein.

1653. — Rostrenen, Kergrist, Glomel, Nizon, Ste-Paule, St-Trémeur, Cléder, Quelven.

1654. — Cuzon, Crozon, St-Martin, Ergué-Armel, Plonéis, Merléac, Tréogan, St-Michel, Le Quillio, Trégomar.

1655. — Plougastel, Pouldreuzic, Plouan, Lababan, Châteauneuf, Laz, Cléden-Cap-Sizun, Plogoff, Leuhan, Coray, Douarnenez.

1656. — Douarnenez, Poullan, St-Philibert, Peumerit, Tréogat, Plounéour, Plovan, Plomelin, Plouguin, Tréguier, Plouha, Ile de Séin, Bodivi, Plomodiern, Le Conquet, Lochrist, Plougonvelin, Trébabu.

1657. — Douarnenez, Louanec, Kermaria, Tréguier, Trélevern, Cosguéaudet, Bourbriac, Boqueho, Plouguen, St-Bihy, Kerlagatu, Notre-Dame-du-Juch.

1658. — Plouha, Pléhédel, Pléguien, Notre-Dame-de-Guéaudet, Plouaré, Kernével, Guengat, Pouldergat, Tréméauc, Kerlaz, Notre-Dame-du-Juch, Ile de Sein, Notre-Dame-de-Quillinen.

1659. — Perguet, Plestin, Trémel, Locronan, Plogonnec, Plounévez-Porzay, St-Caradec, Neulliac, Kergrist, Clohars, Plogoff, Cléden-Cap-Sizun, Le Moustoir.

1660. — Douarnenez, Daoulas, Plougastel, Moëlan, Le Faou, Rosnoën, Loperhet, Dirinon, Mûr, St-Guen, St-Connec, Haut-Corlay, Le Quillio, Vieux-Marché.

1661-1662-1663. — Pouldergat, Poullan, Plouaré, Croixanvec, St-Gonery, Rennes (à la prison et à l'hôpital), La Chapelle-Janson, La Guerche, Bodéo, La Harmoye, Plévin, Motref, Douarnenez, Bannalec, Le Trévou, Trébri-

van, Fougères, St-Georges-de-Reintembault, Kernével, Carnoët, Plusquellec, St-
Thurien, Bonvel, Elliant, Ile de Batz.

1664. — Trémenech, Pestivien, St-Martin, Bothoa,
Ste-Tréphine, St-Nicolas-du-Pélem, St-
Michel-de-Douarnenez, Ploërdut, Caudan,
Pluméliau, Plumergat, Teven.

1665. — Quimperlé, Tonquédec, Pleyben, Quer-
rien, Douarnenez, Plozévet, Guiscriff, La
Feuillée, La Boussac.

1666. — Le Faouët, Douarnenez, Scaër, Crozon,
Langonnet, Plozévet, Plomeur.

1667. — Gourin, Roudouallec, Plouaré, Douarnenez, Kernével, Melgven, Poullaouen, Con-
carneau, Plourin.

1668. — Guiscriff, Mûr, St-Mayeux, St-Guen,
St-Connec, Neulliac, Brest, Trémenech,
Plouguerneau, Kersaint, Landivisiau, Né-
vez.

1669. — Audierne, Primelen, St-Michel-de-
Douarnenez, Riec, Merléac, Coray, Esqui-
bien, Lesneven, Perros.

1670. — Trégunc, Lanriec, Beuzec, St-Michel-
de-Douarnenez, Plourin, Ploumoguer, Moëlan, Langolen.

1671. — Lannion, Crozon, Camaret, Roscanvel,
Le Quillio, St-Martin.

1672. — Quimper, Pontcroix, Landudec, Beuzec,
Mahalon, Tourch, Pédernec. Trévé.

1673. — Guingamp, Glomel, Elliant, Plémy, St-Pol-de-Léon, Ile de Bréhat.

1674. — Morlaix (paroisse de St-Mathieu), Landévennec, Telgruc, Carhaix, Pleumeur-Bodou, Plouaret, Loquénolé.

1675. — Landerneau, Châteaulin, Douarnenez, Plouguernével (missions militaires), Pontivy, Plozévet.

1676. — Penmarch, Beuzec, Plomeur, Treffiagat, Tréogat, Comana, Pleyben, Auray, St-Renan, Caudan, Riec.

1677. — Kerlagatu, Plouhinec, Brest, Plomodiern, Quimper, Locamand, Tréguier, St-Brieuc.

1678. — Locminé, Moncontour, Lamballe, Lesneven, Pontrieux, St-Servais.

1679. — Quemperven, Pouldergat, Maël-Pestivien, Plestin, Ploujean, Ile de Bréhat, Pontivy, Locronan, Huelgoat, Cléden-Poher, Coray.

1680-1681-1682-1683. — Plounévez-Quintin, Lochrist, Rohan, Plouguen, Moëlan, Pont-Melvez, Plouaré, Abbaye de St-Sulpice, Noyal, St-Georges-de-Gréhaigne, Crozon, Yvias, Paimpol, Bourbriac, Plonevezel, Scrignac.

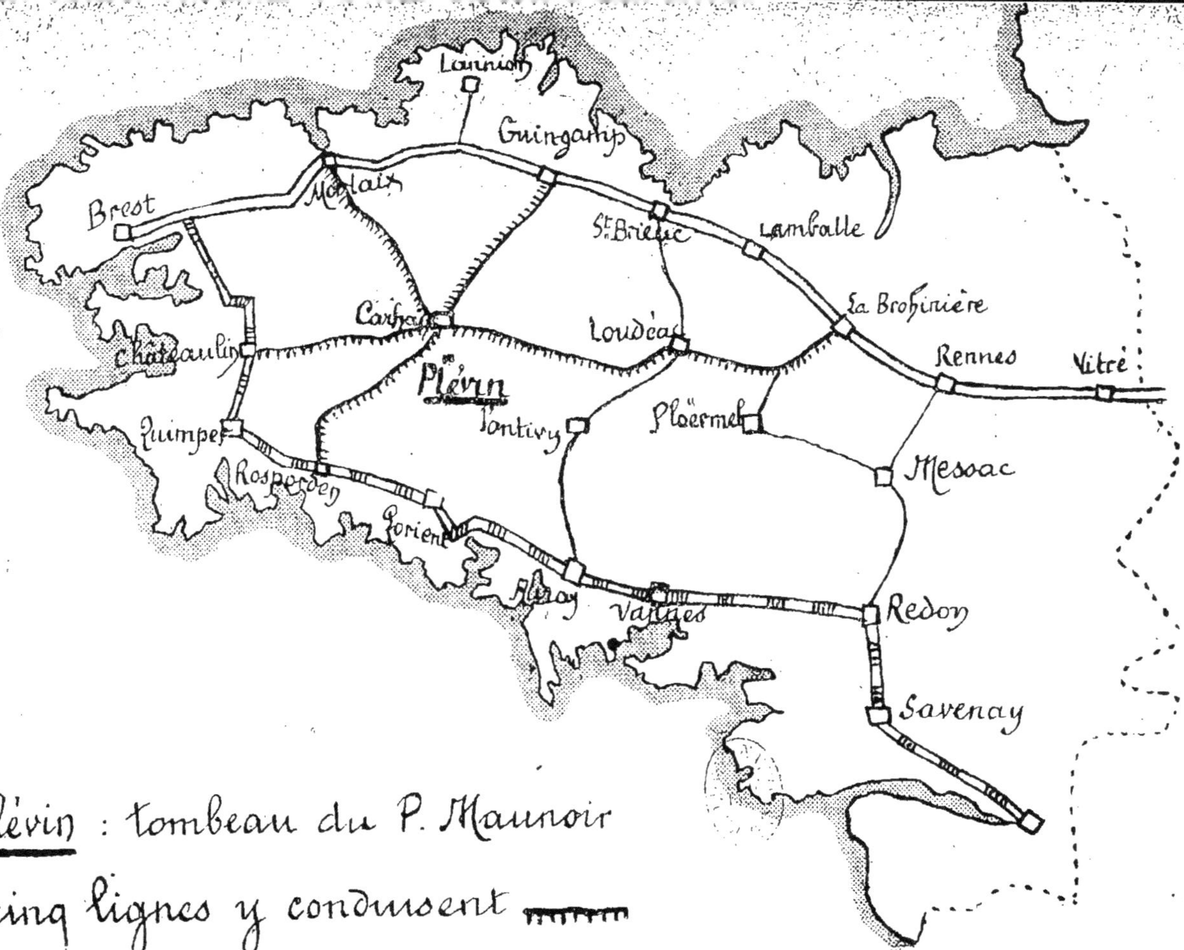

Plévin : tombeau du P. Maunoir

cinq lignes y conduisent ┬┬┬┬┬

TABLE DES MATIÈRES

Guingamp, imprimerie L. Toullec, 37, place du Centre